PANDUAN KOMPREHENSIF UNTUK MENGETIN DAN MEMELIHARA

KUASAI SENI MEMELIHARA
KEBAIKAN BERMUSIM
DENGAN 100 RESIPI.

Sabrina Sabrie

Hak cipta terpelihara.

Penafian

Maklumat yang terkandung dalam eBook ini bertujuan untuk berfungsi sebagai koleksi strategi yang komprehensif yang telah dilakukan oleh pengarang eBook ini. Ringkasan, strategi, petua dan helah hanyalah cadangan oleh pengarang, dan membaca eBook ini tidak akan menjamin bahawa keputusan seseorang akan betul-betul mencerminkan hasil pengarang. Pengarang eBook telah melakukan segala usaha yang munasabah untuk memberikan maklumat terkini dan tepat untuk pembaca eBook. Pengarang dan sekutunya tidak akan bertanggungjawab atas sebarang kesilapan atau peninggalan yang tidak disengajakan yang mungkin ditemui. Bahan dalam eBook mungkin termasuk maklumat oleh pihak ketiga. Bahan pihak ketiga terdiri daripada pendapat yang dinyatakan oleh pemiliknya. Oleh itu, pengarang eBook tidak memikul tanggungjawab atau liabiliti untuk sebarang bahan atau pendapat pihak ketiga. Sama ada disebabkan kemajuan internet, atau perubahan yang tidak dijangka dalam dasar syarikat dan garis panduan penyerahan editorial, apa yang dinyatakan sebagai fakta pada masa penulisan ini mungkin menjadi lapuk atau tidak boleh digunakan kemudian.

eBook adalah hak cipta © 2024 dengan semua hak terpelihara. Adalah menyalahi undang-undang untuk mengedar semula, menyalin atau mencipta karya terbitan daripada eBook ini secara keseluruhan atau sebahagian. Tiada bahagian dalam laporan ini boleh diterbitkan semula atau dihantar semula dalam apa-apa pengeluaran semula atau dihantar semula dalam apa jua bentuk sekalipun tanpa kebenaran bertulis dan ditandatangani daripada pengarang.

ISI KANDUNGAN

ISI KANDUNGAN..4

PENGENALAN..8

PRODUK BUAH-BUAHAN & BUAH-BUAHAN..................10

    1. Mentega epal...11
    2. Cincin epal berempah...14
    3. Epal ketam berempah..17
    4. Acar tebu..20
    5. Cranberry oren chutney...24
    6. chutney mangga..27
    7. Sos mangga...30
    8. Koktel buah-buahan campuran...............................33
    9. Zucchini-nanas..36
    10. S picy cranberry salsa...39
    11. salsa mangga...42
    12. Salsa epal pic...45

PENGISIAN...50

    13. Isi pai daging cincang...51
    14. Isi pai tomato hijau...54

TOMATO & PRODUK TOMATO..57

    15. Sos spageti tanpa daging....................................58
    16. Sos spageti dengan daging.................................61
    17. Sos tomato Mexico..64
    18. Sos panas..67
    19. Sos lada cayenne...70
    20. Sos tomato...73
    21. Sos tomato negara barat....................................76

22. Blender sos tomato..79
23. Hot sos tomato-lada..83
24. salsa Chile..86
25. Salsa hijau tomato..89
26. salsa pes tomato..92
27. salsa tomato..95
28. Salsa tomato/cili hijau..98
29. Sos taco tomato..101
30. Chile con carne..104

SAYURAN & PRODUK SAYUR..................................107

31. Sayur campur..108
32. Succotash..111

YANG DIPERAM & DIACAR..114

33. Acar Dill..115
34. Sauerkraut..119
35. Acar roti dan mentega......................................123
36. Fresh-pack acar dill..126
37. Acar gherkin manis..129
38. Acar manis 14 hari..133
39. Acar manis cepat..136
40. Asparagus jeruk..139
41. Acar kacang dill..142
42. Salad tiga kacang acar......................................145
43. Acar bit..149
44. Acar lobak merah..152
45. Acar kembang kol / brussels............................155
46. Chayote dan jicama slaw..................................158
47. Acar roti dan mentega jicama..........................161
48. Perap seluruh cendawan..................................164
49. Acar dilled okra..167
50. Acar bawang mutiara..170
51. Lada perap..173

52. Lada benggala jeruk...177
53. Acar lada panas...180
54. Cincin lada jalapeño jeruk.......................................184
55. Cincin lada kuning jeruk...188
56. Acar tomato hijau manis...191
57. Acar sayur campur..194
58. Zucchini roti dan mentega jeruk.............................198
59. Sedap labu siam dan pear......................................201
60. Piccalilli..204
61. Sedap acar...207
62. Sedap jagung jeruk..210
63. Keenakan tomato hijau jeruk.................................213
64. Sos jeruk pedas...216
65. Acar lada-bawang sedap..219
66. Rasa jicama pedas...222
67. Rasa tomato yang masam......................................226
68. Tiada gula ditambah bit jeruk................................229
69. S acar timun manis..232
70. S jeruk dill dicincang...236
71. S jeruk manis berkutu..239

JAM DAN JELI..242

72. Jem epal..243
73. Jeli strawberi-rhubarb..246
74. Jem rempah blueberry...249
75. Jeli anggur-plum..252
76. Jeli lada emas...255
77. Hamparan pic-nanas..258
78. Taburan epal yang disejukkan...............................261
79. Hamparan anggur peti sejuk..................................264
80. Jeli Epal tanpa Pektin Ditambah............................267
81. Apple Marmalade tanpa Pektin Ditambah..............270
82. Jeli Blackberry tanpa Pektin Tambahan.................273
83. Jeli Ceri dengan Serbuk Pektin..............................276

84. Jem Ceri dengan Serbuk Pektin..................279
85. Jem Ara dengan Pektin Cecair.....................282
86. Jeli Anggur dengan Serbuk Pektin..............285
87. Jem Pudina-Nanas dengan Pektin Cecair.....288
88. Jeli Buah Campuran dengan Pektin Cecair..291
89. Jeli Oren..294
90. Jeli Oren Berempah..................................297
91. Marmalade Oren.......................................300
92. Apricot-Oren Conserve............................303
93. Peach Jam dengan Serbuk Pektin..............306
94. Jem Blueberry-Peach Berempah...............309
95. Peach-Oren Marmalade...........................312
96. Jem Nanas dengan Pektin Cecair..............315
97. Jeli Plum dengan Pektin Cecair................318
98. Quince Jelly tanpa Pektin Tambahan.........321
99. Jem Strawberi dengan Serbuk Pektin........324
100. Tutti-Frutti Jam.....................................327

KESIMPULAN..330

PENGENALAN

Selamat datang ke panduan anda untuk menguasai seni pengetinan dan pengawetan. Dalam dunia yang serba pantas hari ini, tradisi memelihara buah-buahan, sayur-sayuran dan herba bermusim sedang mengalami kebangkitan. Sama ada anda seorang penghuni rumah yang berpengalaman atau penduduk bandar yang meminati makanan buatan sendiri, buku masakan ini akan melengkapkan anda dengan pengetahuan dan kemahiran yang diperlukan untuk mengekalkan rasa tuaian sepanjang tahun.

Dalam halaman ini, anda akan menemui khazanah resipi dan teknik untuk mencipta jem, jeli, jeruk, sos dan banyak lagi yang lazat. Daripada kegemaran klasik seperti jem strawberi dan acar dill kepada ciptaan inovatif seperti salsa pic dan sos tomato panggang, ada sesuatu untuk setiap selera dan majlis. Tetapi di luar resipi itu sendiri, kami akan mendalami sains dan seni pemeliharaan, meneroka topik seperti amalan pengetinan yang selamat, keperluan peralatan dan menyelesaikan masalah biasa.

Sama ada anda seorang pemula atau profesional yang berpengalaman, matlamat kami adalah untuk memperkasakan anda untuk mengekalkan kelebihan musim ini dengan yakin dan menikmati hasil kerja anda untuk beberapa bulan akan datang. Jadi, singsingkan lengan baju anda, asah pisau anda, dan mari kita mulakan perjalanan yang lazat ke dalam dunia pengetinan dan pengawetan.

PRODUK BUAH-BUAHAN & BUAH-BUAHAN

1. Mentega epal

bahan-bahan:

- 8 paun epal
- 2 cawan cider
- 2 cawan cuka
- 2-1/4 cawan gula putih
- 2-1/4 cawan gula perang yang dibungkus
- 2 Sudu besar kayu manis dikisar
- 1 Sudu besar cengkih kisar

Hasil: Kira-kira 8 hingga 9 pint

Arah:

a) Basuh, buang batang, suku, dan inti buah. Masak perlahan-lahan dalam cider dan cuka sehingga lembut. Tekan buah melalui colander, kilang makanan atau penapis. Masak pulpa buah dengan gula dan rempah, kacau kerap.

b) Untuk menguji kematangan, keluarkan satu sudu dan tahankannya dari stim selama 2 minit. Ia dilakukan jika mentega kekal di atas sudu. Satu lagi cara untuk menentukan bila mentega dimasak secukupnya adalah dengan menyendukkan kuantiti yang sedikit ke dalam pinggan. Apabila rim cecair tidak berpisah di sekeliling tepi mentega, ia sedia untuk pengetinan. Isikan panas ke dalam balang setengah pain atau pint steril, tinggalkan ruang kepala 1/4 inci.

c) Lap rim balang dengan tuala kertas bersih yang dilembapkan. Laraskan penutup dan proses.

2. Cincin epal berempah

bahan-bahan:

- 12 paun epal tart pejal (diameter maksimum, 2-1/2 inci)
- 12 cawan gula
- 6 cawan air
- 1-1/4 cawan cuka putih (5%)
- 3 Sudu besar cengkih keseluruhan
- 3/4 cawan gula-gula kayu manis merah panas atau
- 8 batang kayu manis dan
- 1 sudu kecil pewarna makanan merah (pilihan)

Hasil: Kira-kira 8 hingga 9 pint

Arah:

a) Basuh epal. Untuk mengelakkan perubahan warna, kupas dan hiris satu epal pada satu masa. Segera potong bersilang ke dalam kepingan 1/2 inci, keluarkan kawasan teras dengan pengisar tembikai, dan rendam dalam larutan asid askorbik .

b) Untuk membuat sirap berperisa, satukan gula, air, cuka, bunga cengkih, gula-gula kayu manis atau batang kayu manis dan pewarna makanan dalam periuk 6 qt. Kacau, panaskan hingga mendidih, dan reneh selama 3 minit.

c) Toskan epal, tambahkan kepada sirap panas, dan masak 5 minit. Isi balang panas (sebaik-baiknya mulut lebar) dengan cincin epal dan sirap berperisa panas, meninggalkan ruang kepala 1/2 inci.

d) Keluarkan gelembung udara dan laraskan ruang kepala jika perlu. Lap rim balang dengan tuala kertas bersih yang dilembapkan.

e) Laraskan penutup dan proses.

3. Epal ketam berempah

bahan-bahan:

- 5 lbs epal ketam
- 4-1/2 cawan cuka sari apel (5%)
- 3-3/4 cawan air
- 7-1/2 cawan gula
- 4 sudu teh ulas keseluruhan
- 4 batang kayu manis
- Enam kiub 1/2 inci akar halia segar

Hasil: Kira-kira 9 pint

Arah:

a) Keluarkan kelopak bunga dan basuh epal, tetapi biarkan batang melekat. Tusuk kulit setiap epal empat kali dengan pencungkil ais atau pencungkil gigi. Campurkan cuka, air, dan gula dan biarkan mendidih.

b) Masukkan rempah yang diikat dalam beg rempah atau kain keju. Dengan menggunakan bakul blancher atau ayak, rendam 1/3 daripada epal pada satu masa dalam larutan cuka/sirap mendidih selama 2 minit. Letakkan epal dan beg rempah yang telah dimasak dalam periuk 1 atau 2 gelen yang bersih dan tambah sirap panas.

c) Tutup dan biarkan semalaman. Keluarkan beg rempah, toskan sirap ke dalam periuk besar, dan panaskan semula sehingga mendidih. Isi balang pain panas dengan epal dan sirap panas, meninggalkan ruang kepala 1/2 inci. Keluarkan gelembung udara dan laraskan ruang kepala jika perlu.

d) Lap rim balang dengan tuala kertas bersih yang dilembapkan. Laraskan penutup dan proses.

4. Acar tebu

bahan-bahan:

- 5 lb kiub tebu 1 inci
- 1 sudu kecil serpihan lada merah ditumbuk
- 2 batang kayu manis satu inci
- 2 sudu kecil bunga cengkih yang dikisar
- 1 sudu teh halia kisar
- 4-1/2 cawan cuka sider (5%)
- 2 cawan air
- 1-1/2 cawan gula putih
- 1-1/2 cawan gula perang muda yang dibungkus

Hasil: Kira-kira 4 balang pain

Arah:

Hari pertama:

a) Basuh cantaloupe dan potong dua; keluarkan biji. Potong menjadi kepingan 1 inci dan kupas. Potong jalur daging menjadi kiub 1 inci.

b) Timbang 5 paun keping dan masukkan ke dalam mangkuk kaca besar. Letakkan kepingan lada merah, batang kayu manis, bunga cengkih dan halia dalam beg rempah dan ikat hujungnya dengan kuat.

c) Satukan cuka dan air dalam periuk stok 4 liter. Didihkan, kemudian tutup api. Tambah beg rempah ke dalam campuran cuka-air, dan biarkan curam selama 5 minit, kacau sekali-sekala. Tuang larutan cuka panas dan beg rempah ke atas kepingan tembikai di dalam mangkuk. Tutup dengan penutup plastik gred makanan atau bungkus dan biarkan semalaman di dalam peti sejuk (kira-kira 18 jam).

Hari Kedua:

d) Tuangkan larutan cuka dengan berhati-hati ke dalam periuk besar 8 hingga 10 liter dan biarkan mendidih. Tambah gula; kacau hingga larut. Masukkan cantaloupe dan biarkan mendidih semula.

Perlahankan api dan renehkan sehingga kepingan cantaloupe bertukar lut sinar (kira-kira 1 hingga 1-1/4 jam). Keluarkan kepingan cantaloupe ke dalam periuk stok bersaiz sederhana, tutup dan ketepikan.

e) Didihkan baki cecair dan rebus selama 5 minit lagi. Kembalikan cantaloupe ke dalam sirap cecair, dan biarkan mendidih semula. Dengan sudu berlubang, isikan kepingan cantaloupe panas ke dalam balang pain panas, meninggalkan ruang kepala 1 inci. Tutup dengan sirap panas mendidih, tinggalkan ruang kepala 1/2 inci.

f) Keluarkan gelembung udara dan laraskan ruang kepala jika perlu. Lap rim balang dengan tuala kertas bersih yang dilembapkan. Laraskan penutup dan proses.

5. Cranberry oren chutney

bahan-bahan:

- 24 auns kranberi keseluruhan segar
- 2 cawan bawang putih yang dihiris
- 2 cawan kismis emas
- 1-1/2 cawan gula putih
- 1-1/2 cawan gula perang yang dibungkus
- 2 cawan cuka suling putih (5%)
- 1 cawan jus oren
- 4 sudu teh dikupas, parut halia segar
- 3 batang kayu manis

Hasil: Kira-kira 8 balang setengah liter

Arah:

a) Bilas cranberry dengan baik. Satukan semua bahan dalam ketuhar Belanda yang besar. Didihkan dengan api yang tinggi; kecilkan api dan reneh perlahan-lahan selama 15 minit atau sehingga cranberry lembut. Kacau selalu untuk mengelakkan hangus.

b) Keluarkan batang kayu manis dan buang. Isikan chutney panas ke dalam balang setengah pain panas, meninggalkan ruang kepala 1/2 inci.

c) Keluarkan gelembung udara dan laraskan ruang kepala jika perlu. Lap rim balang dengan tuala kertas bersih yang dilembapkan. Laraskan penutup dan proses.

6. chutney mangga

bahan-bahan:

- 11 cawan atau 4 lbs mangga yang belum masak dicincang
- 2-1/2 cawan s bawang kuning cincang
- 2-1/2 Sudu besar halia segar parut
- 1-1/2 Sudu Besar bawang putih segar dicincang
- 4-1/2 cawan gula
- 3 cawan cuka suling putih (5%)
- 2-1/2 cawan kismis emas
- 1- 1 sudu teh garam pengetinan
- 4 sudu kecil serbuk cili r

Hasil: Kira-kira 6 balang pain

Arah:

a) Basuh semua hasil dengan baik. Kupas, inti dan potong mangga menjadi kiub 3/4 inci. Potong kiub mangga dalam pemproses makanan, menggunakan 6 denyutan satu saat bagi setiap kumpulan pemproses makanan. (Jangan puri atau cincang terlalu halus.)

b) Dengan tangan, kupas dan potong bawang besar, cincang bawang putih, dan parut halia. Campurkan gula dan cuka dalam periuk stok 8 hingga 10 liter. Didihkan, dan rebus 5 minit. Masukkan semua bahan lain dan biarkan mendidih semula.

c) Kecilkan api dan reneh selama 25 minit, kacau sekali-sekala. Isikan chutney panas ke dalam balang pain panas atau setengah pain, tinggalkan ruang kepala 1/2 inci. Keluarkan gelembung udara dan laraskan ruang kepala jika perlu.

d) Lap rim balang dengan tuala kertas bersih yang dilembapkan. Laraskan penutup dan proses.

7. Sos mangga

bahan-bahan:

- 5-1/2 cawan atau 3-1/4 lbs puri mangga
- 6 sudu besar madu
- 4 Sudu besar jus lemon botol
- 3/4 cawan gula
- 2-1/2 sudu teh (7500 miligram) asid askorbik
- 1/8 sudu teh kayu manis tanah
- 1/8 sudu teh buah pala yang dikisar

Hasil: Kira-kira 6 balang setengah liter

Arah:

a) Basuh, kupas, dan asingkan daging mangga daripada biji. Potong daging mangga menjadi kepingan dan puri dalam pengisar atau pemproses makanan sehingga halus.

b) Satukan semua bahan dalam ketuhar Belanda 6 hingga 8 liter atau periuk stok dan panaskan pada api sederhana tinggi, dengan kacau berterusan, sehingga campuran mencapai 200°F.

c) Campuran akan terpercik semasa dipanaskan, jadi pastikan anda memakai sarung tangan atau sarung tangan ketuhar untuk mengelakkan kulit terbakar. Isikan sos panas ke dalam balang separuh pain panas, tinggalkan ruang kepala 1/4 inci.

d) Keluarkan gelembung udara dan laraskan ruang kepala jika perlu. Lap rim balang dengan tuala kertas bersih yang dilembapkan. Laraskan penutup dan proses.

8. Koktel buah-buahan campuran

bahan-bahan:

- 3 lbs pic
- 3 lbs pear
- 1-1/2 lbs sedikit kurang masak anggur hijau tanpa biji
- 10-oz balang ceri maraschino
- 3 cawan gula
- 4 cawan air

Hasil: Kira-kira 6 pint

Arah:

a) Batang dan basuh anggur, dan simpan dalam larutan asid askorbik .

b) Celupkan pic yang masak tetapi padat, beberapa demi satu, dalam air mendidih selama 1 hingga 1-1/2 minit untuk melonggarkan kulit.

c) Celupkan dalam air sejuk dan lepaskan kulit. Potong separuh, keluarkan lubang, potong kiub 1/2 inci dan simpan dalam larutan dengan anggur. Kupas, belah dua dan inti pir.

d) Potong kiub 1/2 inci, dan simpan dalam larutan dengan anggur dan pic.

e) Satukan gula dan air dalam periuk dan biarkan mendidih. Toskan buah campuran. Tambah 1/2 cawan sirap panas ke setiap balang panas.

f) Kemudian tambah beberapa buah ceri dan isi balang dengan lembut dengan buah-buahan campuran dan lebih banyak sirap panas, meninggalkan ruang kepala 1/2 inci.

g) Keluarkan gelembung udara dan laraskan ruang kepala jika perlu. Lap rim balang dengan tuala kertas bersih yang dilembapkan.

h) Laraskan penutup dan proses.

9. Zucchini-nanas

bahan-bahan:

- 4 liter zucchini dipotong dadu atau dicincang
- 46 oz jus nanas tanpa gula dalam tin
- 1-1/2 cawan jus lemon botol
- 3 cawan gula

Hasil: Kira-kira 8 hingga 9 pint

Arah:

a) Kupas zucchini dan sama ada potong kiub 1/2 inci atau cincang. Campurkan zucchini dengan bahan-bahan lain dalam periuk besar dan biarkan mendidih. Reneh 20 minit.

b) Isi balang panas dengan panas campuran dan cecair memasak, meninggalkan ruang kepala 1/2 inci. Keluarkan gelembung udara dan laraskan ruang kepala jika perlu. Lap rim balang dengan tuala kertas bersih yang dilembapkan. Laraskan penutup dan proses.

10. Spicy cranberry salsa

bahan-bahan:

- 6 cawan bawang merah dicincang n
- 4 lada Serrano besar dicincang
- 1-1/2 cawan air
- 1-1/2 cawan cuka sider (5%)
- 1 Sudu besar garam pengetinan
- 1-1/3 cawan gula
- 6 sudu besar madu semanggi
- 12 cawan (2-3/4 lbs) dibilas, kranberi keseluruhan segar

Hasil: Kira-kira 6 balang pain

Arah:

a) Satukan semua bahan kecuali cranberry dalam ketuhar Belanda yang besar. Didihkan dengan api yang tinggi; kecilkan api sedikit dan rebus perlahan-lahan selama 5 minit.

b) Masukkan cranberry, kecilkan api sedikit dan reneh adunan selama 20 minit, kacau sekali-sekala untuk mengelakkan hangus. Isikan adunan panas ke dalam balang pint panas, tinggalkan ruang kepala 1/4 inci. Biarkan periuk di atas api perlahan sambil mengisi balang.

c) Keluarkan gelembung udara dan laraskan ruang kepala jika perlu. Lap rim balang dengan tuala kertas bersih yang dilembapkan. Laraskan penutup dan proses.

11. salsa mangga

bahan-bahan:

- 6 cawan mangga yang belum masak dipotong dadu
- 1-1/2 cawan lada benggala merah dipotong dadu
- 1/2 cawan bawang kuning dihiris
- 1/2 sudu kecil serpihan lada merah ditumbuk
- 2 sudu teh bawang putih cincang
- 2 sudu teh halia dicincang
- 1 cawan gula perang ringan
- 1-1/4 cawan cuka sider (5%)
- 1/2 cawan air

Hasil: Kira-kira 6 balang setengah liter

Arah:

a) Basuh semua hasil dengan baik. Kupas dan potong mangga menjadi kiub 1/2 inci.

Potong lada benggala menjadi kepingan 1/2 inci. Chop bawang kuning.

b) Satukan semua bahan dalam ketuhar Belanda 8 liter atau periuk stok. Didihkan dengan api besar, kacau untuk melarutkan gula.

c) Kecilkan hingga mendidih, dan reneh selama 5 minit. Isikan pepejal panas ke dalam balang separuh pain panas, tinggalkan ruang kepala 1/2 inci. Tutup dengan cecair panas, tinggalkan ruang kepala 1/2 inci.

d) Keluarkan gelembung udara dan laraskan ruang kepala jika perlu. Lap rim balang dengan tuala kertas bersih yang dilembapkan. Laraskan penutup dan proses.

12. Salsa epal pic

bahan-bahan:

- 6 cawan tomato Roma yang dicincang
- 2-1/2 cawan bawang kuning potong dadu
- 2 cawan lada benggala hijau yang dicincang
- 10 cawan pic yang dicincang keras dan belum masak
- 2 cawan epal Granny Smith yang dicincang
- 4 Sudu besar rempah acar campur
- 1 Sudu besar garam pengetinan
- 2 sudu kecil serpihan lada merah ditumbuk
- 3-3/4 cawan (1-1/4 paun) dibungkus gula perang ringan
- 2-1/4 cawan cuka sider (5%)

Hasil: Kira-kira 7 balang pain

Arah:

a) Letakkan rempah penjerukan pada sekeping 100% kain keju yang bersih, berlapis dua, 6 inci persegi. Satukan sudut dan ikat dengan tali yang bersih. (Atau gunakan beg rempah muslin yang dibeli).

b) Basuh dan kupas tomato (letakkan tomato yang telah dibasuh dalam air mendidih selama 1 minit, segera masukkan ke dalam air sejuk, dan lepaskan dari kulit).

c) Potong menjadi kepingan 1/2 inci. Kupas, basuh dan potong bawang menjadi kepingan 1/4 inci. Basuh, inti, dan biji lada benggala; potong 1/4 inci.

d) Satukan tomato cincang, bawang dan lada dalam ketuhar atau periuk Belanda 8 atau 10 liter. Basuh, kupas dan pic; potong separuh dan rendam selama 10 minit dalam larutan asid askorbik (1500 mg dalam setengah gelen air).

e) Basuh, kupas dan inti epal; potong separuh dan rendam selama 10 minit dalam larutan asid askorbik.

f) Potong pic dan epal dengan cepat menjadi kiub 1/2 inci untuk mengelakkan keperangan. Masukkan pic dan epal cincang ke dalam periuk dengan sayur-sayuran. Tambah beg rempah jeruk ke dalam periuk; masukkan garam, serpihan lada merah, gula merah dan cuka.

g) Didihkan, kacau perlahan-lahan untuk mencampurkan bahan. Kecilkan api dan reneh selama 30 minit, kacau sekali-sekala. Keluarkan beg rempah dari kuali dan buang. Dengan sudu berlubang, isikan pepejal salsa ke dalam balang pint panas, tinggalkan ruang kepala 1-1/4 inci (kira-kira 3/4 paun pepejal dalam setiap balang).

h) Tutup dengan cecair memasak, tinggalkan ruang kepala 1/2 inci.

i) Keluarkan gelembung udara dan laraskan ruang kepala jika perlu. Lap rim balang dengan tuala kertas bersih yang dilembapkan. Laraskan penutup dan proses.

PENGISIAN

13. Isi pai daging cincang

bahan-bahan:

- 2 cawan suet cincang
- 4 paun daging lembu kisar atau 4 paun daging rusa kisar dan 1 paun sosej
- 5 liter epal cincang
- 2 lbs kismis gelap tanpa biji
- 1 lb kismis putih
- 2 liter cider epal
- 2 Sudu besar kayu manis dikisar
- 2 sudu teh buah pala yang dikisar
- 5 cawan gula
- 2 sudu besar garam

Hasil: Kira-kira 7 liter

Arah:

a) Masak daging dan suet dalam air untuk mengelakkan keperangan. Kupas, inti dan suku epal. Masukkan daging, suet, dan epal melalui pengisar makanan menggunakan bilah sederhana.

b) Satukan semua bahan dalam periuk besar, dan reneh selama 1 jam atau sehingga pekat sedikit. Kacau selalu.

c) Isi balang panas dengan campuran tanpa berlengah-lengah, tinggalkan ruang kepala 1 inci.

d) Keluarkan gelembung udara dan laraskan ruang kepala jika perlu. Lap rim balang dengan tuala kertas bersih yang dilembapkan.

e) Laraskan penutup dan proses.

14. Isi pai tomato hijau

bahan-bahan:

- 4 liter tomato hijau dicincang
- 3 liter epal tart yang dikupas dan dicincang
- 1 lb kismis gelap tanpa biji
- 1 lb kismis putih
- 1/4 cawan citron citron, lemon, atau kulit oren
- 2 cawan air
- 2-1/2 cawan gula perang
- 2-1/2 cawan gula putih
- 1/2 cawan cuka (5%)
- 1 cawan jus lemon botol
- 2 Sudu besar kayu manis dikisar
- 1 sudu teh pala tanah
- 1 sudu kecil bunga cengkih kisar

Hasil: Kira-kira 7 liter

Arah:

a) Satukan semua bahan dalam periuk besar. Masak perlahan-lahan, kacau selalu, sehingga lembut dan sedikit pekat (kira-kira 35 hingga 40 minit).

b) Isi balang panas dengan campuran panas, tinggalkan ruang kepala 1/2 inci.

c) Keluarkan gelembung udara dan laraskan ruang kepala jika perlu. Lap rim balang dengan tuala kertas bersih yang dilembapkan.

d) Laraskan penutup dan proses.

TOMATO & PRODUK TOMATO

15. Sos spageti tanpa daging

bahan-bahan:

- 30 lbs tomato
- 1 cawan bawang cincang
- 5 ulas bawang putih, dikisar
- 1 cawan saderi cincang atau lada hijau
- 1 lb cendawan segar, dihiris (pilihan)
- 4-1/2 sudu teh garam
- 2 Sudu besar oregano
- 4 Sudu besar pasli cincang
- 2 sudu kecil lada hitam
- 1/4 cawan gula perang
- 1/4 cawan minyak sayuran

Hasil: Kira-kira 9 pint

Arah:

a) Jangan tambahkan bahagian bawang, lada, atau cendawan. Basuh tomato dan celupkan dalam air mendidih selama 30 hingga 60 saat atau sehingga kulit berpecah. Celupkan dalam air sejuk dan lepaskan kulit. Keluarkan inti dan tomato suku.

b) Rebus 20 minit, tidak bertutup, dalam periuk besar. Masukkan melalui kilang makanan atau ayak. Tumis bawang merah, bawang putih, saderi atau lada, dan cendawan (jika dikehendaki) dalam minyak sayuran sehingga lembut.

c) Satukan sayur tumis dan tomato dan masukkan baki rempah, garam dan gula. Biarkan mendidih. Reneh, tidak bertutup, sehingga cukup pekat untuk dihidangkan.

d) Pada masa ini volum awal akan dikurangkan hampir separuh. Kacau selalu untuk mengelakkan hangus. Isi balang panas, tinggalkan ruang kepala 1 inci.

e) Keluarkan gelembung udara dan laraskan ruang kepala jika perlu. Lap rim balang dengan tuala kertas bersih yang dilembapkan.

f) Laraskan penutup dan proses.

16. Sos spageti dengan daging

bahan-bahan:

- 30 lbs tomato
- 2-1/2 lbs daging lembu atau sosej
- 5 ulas bawang putih, dikisar
- 1 cawan bawang cincang
- 1 cawan saderi cincang atau lada hijau
- 1 lb cendawan segar, dihiris (pilihan)
- 4-1/2 sudu teh garam
- 2 Sudu besar oregano
- 4 Sudu besar pasli cincang
- 2 sudu kecil lada hitam
- 1/4 cawan gula perang

Hasil: Kira-kira 9 pint

Arah:

a) Untuk menyediakan tomato, ikut arahan untuk Sos Spaghetti Tanpa Daging.

b) Tumis daging lembu atau sosej sehingga perang. Masukkan bawang putih, bawang besar, saderi atau lada hijau, dan cendawan, jika dikehendaki. Masak hingga sayur empuk. Satukan dengan pulpa tomato dalam periuk besar.

c) Masukkan rempah, garam dan gula. Biarkan mendidih. Reneh, tidak bertutup, sehingga cukup pekat untuk dihidangkan. Pada masa ini volum awal akan dikurangkan hampir separuh. Kacau selalu untuk mengelakkan hangus.

d) Isi balang panas, tinggalkan ruang kepala 1 inci.

e) Keluarkan gelembung udara dan laraskan ruang kepala jika perlu. Lap rim balang dengan tuala kertas bersih yang dilembapkan.

f) Laraskan penutup dan proses.

17. Sos tomato Mexico

bahan-bahan:

- 2-1/2 hingga 3 lbs lada cili
- 18 lbs tomato
- 3 cawan bawang cincang
- 1 sudu besar garam
- 1 Sudu besar oregano
- 1/2 cawan cuka

Hasil: Kira-kira 7 liter

Arah:

a) Basuh dan keringkan cili. Belah setiap lada di sepanjang sisi untuk membolehkan wap keluar.

b) Letakkan lada pada penunu selama beberapa minit sehingga kulit melepuh.

c) Selepas kulit melepuh, letakkan lada dalam kuali dan tutup dengan kain lembap. (Ini akan memudahkan mengupas lada.) Sejukkan beberapa minit; kupas kulit. Buang biji dan potong lada.

d) Basuh tomato dan celupkan dalam air mendidih selama 30 hingga 60 saat atau sehingga kulit berpecah. Celupkan dalam air sejuk, lepaskan kulit, dan keluarkan inti.

e) Cincang kasar tomato dan satukan lada cincang dan baki bahan dalam periuk besar. Biarkan mendidih. Penutup.

f) Kecilkan api dan reneh 10 minit.

18. Sos panas

bahan-bahan:

- 1-1/2 cawan lada Serrano yang dibiji, dicincang
- 4 cawan cuka putih suling (5%)
- 2 sudu teh garam pengetinan
- 2 Sudu besar rempah jeruk campuran keseluruhan

Hasil: Kira-kira 4 setengah liter

Arah:

a) Masukkan rempah acar campur dalam beg rempah dan ikat hujungnya dengan kuat. Campurkan semua bahan dalam ketuhar Belanda atau periuk besar. Didihkan, kacau sekali-sekala. Rebus lagi 20 minit, sehingga tomato lembut. Tekan adunan melalui kilang makanan.

b) Kembalikan cecair ke dalam periuk stok, panaskan hingga mendidih dan rebus selama 15 minit lagi.

c) Isikan sos panas ke dalam balang separuh pain panas, tinggalkan ruang kepala 1/4 inci. Keluarkan gelembung udara dan laraskan ruang kepala jika perlu. Lap rim balang dengan tuala kertas bersih yang dilembapkan.

d) Laraskan penutup dan proses.

19. Sos lada cayenne

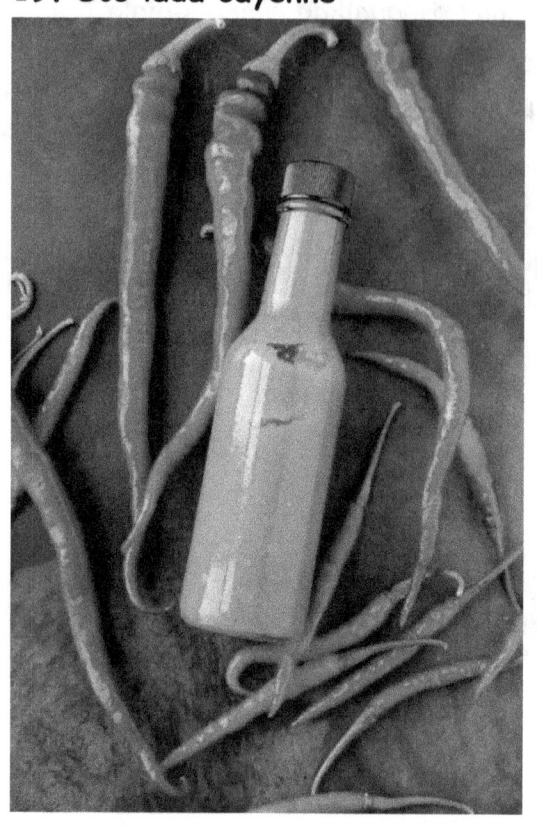

bahan-bahan:

- 3 lb lada panas
- 1/3 cawan bawang putih kisar
- 4 cawan hirisan bawang besar
- 1/3 cawan bertangkai, cilantro dicincang
- 3 tin (28 auns setiap satu) tomato dipotong dadu
- 3 cawan cuka sider (5%)
- 2-1/2 cawan air

Hasil: Kira-kira 5 pint

Arah:

a) Basuh, potong dan potong lada dan bawang ke dalam cincin, menggunakan penghiris mandolin atau pemproses makanan. Dalam ketuhar Belanda 10 liter atau periuk stok, campurkan semua bahan. Didihkan dan rebus 1 jam. Kecilkan api sedikit dan renehkan 1 jam tambahan. Tutup api, dan sejukkan sedikit adunan.

b) Tulen sayur-sayuran dalam pengisar kira-kira 2 minit setiap kumpulan pengisar. Kembalikan adunan tulen ke dalam periuk stok dan masak dengan teliti sehingga mendidih. Tutup api.

c) Isikan sos panas ke dalam balang pain panas, tinggalkan ruang kepala 1/2 inci. Keluarkan gelembung udara dan laraskan ruang kepala jika perlu. Lap rim balang dengan tuala kertas bersih yang dilembapkan.

d) Laraskan penutup dan proses.

20. Sos tomato

bahan-bahan:

- 24 lbs tomato masak
- 3 cawan bawang cincang
- 3/4 sudu teh lada merah kisar (cayenne)
- 3 cawan cuka sider (5%)
- 4 sudu teh ulas keseluruhan
- 3 batang kayu manis, ditumbuk
- 1-1/2 sudu teh lada sulah keseluruhan
- 3 Sudu besar biji saderi
- 1-1/2 cawan gula
- 1/4 cawan garam

Hasil: 6 hingga 7 liter

Arah:

a) Basuh tomato. Celupkan dalam air mendidih selama 30 hingga 60 saat atau sehingga kulit terbelah. Celup dalam air sejuk. Keluarkan kulit dan keluarkan teras. Suku tomato ke dalam periuk stok 4 galon atau cerek besar. Masukkan bawang besar dan lada merah. Didihkan dan reneh selama 20 minit, tanpa penutup. Tutup, tutup api dan biarkan selama 20 minit.

b) Satukan rempah dalam beg rempah dan tambah cuka dalam a Periuk 2 liter.

c) Didihkan. Keluarkan beg rempah dan satukan campuran cuka dan tomato. Rebus kira-kira 30 minit. Masukkan adunan rebus melalui kilang makanan atau ayak. Kembali ke periuk.

d) Masukkan gula dan garam, rebus perlahan-lahan, dan kacau kerap sehingga isipadu berkurangan sebanyak setengah atau sehingga adunan bulat pada sudu tanpa diasingkan. Isi balang panas, tinggalkan ruang kepala 1/8 inci.

e) Keluarkan gelembung udara dan laraskan ruang kepala jika perlu. Lap rim balang dengan tuala kertas bersih yang dilembapkan.

f) Laraskan penutup dan proses.

21. sos tomato negara barat

bahan-bahan:

- 24 lbs tomato masak
- 5 lada cili, dihiris dan dibiji
- 1/4 cawan garam
- 2-2/3 cawan cuka (5%)
- 1-1/4 cawan gula
- 1/2 sudu kecil lada merah (cayenne)
- 4 sudu teh paprika
- 4 sudu teh lada sulah keseluruhan
- 4 sudu teh mustard kering
- 1 Sudu besar biji lada keseluruhan
- 1 sudu kecil biji sawi
- 1 Sudu besar daun salam

Hasil: 6 hingga 7 liter

Arah:

a) Ikuti prosedur dan masa proses untuk sos tomato biasa.

22. Blender sos tomato

bahan-bahan:

- 24 lbs tomato masak
- 2 lbs bawang
- 1 lb lada merah manis
- 1 lb lada hijau manis
- 9 cawan cuka (5%)
- 9 cawan gula
- 1/4 cawan pengetinan atau garam jeruk
- 3 Sudu besar mustard kering
- 1-1/2 Sudu besar lada merah kisar
- 1-1/2 sudu teh lada sulah keseluruhan
- 1-1/2 Sudu besar cengkih keseluruhan
- 3 batang kayu manis

Hasil: Kira-kira 9 pint

Arah:

a) Basuh tomato dan celupkan dalam air mendidih selama 30 hingga 60 saat atau sehingga kulit berpecah. Kemudian celupkan dalam air sejuk, lepaskan kulit, inti dan suku. Keluarkan biji dari lada dan potong menjadi jalur. Kupas dan seperempat bawang.

b) Kisar tomato, lada dan bawang pada kelajuan tinggi selama 5 saat dalam pengisar elektrik. Tuangkan ke dalam periuk stok 3 hingga 4 gelen atau cerek besar dan panaskan. Rebus perlahan-lahan 60 minit, kacau kerap. Masukkan cuka, gula, garam, dan beg rempah yang mengandungi mustard kering, lada merah, dan rempah lain.

c) Teruskan mendidih dan kacau sehingga isipadu berkurangan separuh dan sos tomato bulat pada sudu tanpa pengasingan cecair dan pepejal. Keluarkan beg rempah dan isi balang panas, tinggalkan ruang kepala 1/8 inci.

d) Keluarkan gelembung udara dan laraskan ruang kepala jika perlu. Lap rim balang dengan tuala kertas bersih yang dilembapkan.

e) Laraskan penutup dan ikuti masa proses untuk sos tomato biasa .

23. Hot sos tomato-lada

bahan-bahan:

- 5 lbs tomato
- 2 lbs lada cili
- 1 lb bawang
- 1 cawan cuka (5%)
- 3 sudu kecil garam
- 1/2 sudu kecil lada

Hasil: Kira-kira 6 hingga 8 liter

Arah:

a) Basuh tomato dan celupkan dalam air mendidih selama 30 hingga 60 saat atau sehingga kulit berpecah. Celupkan dalam air sejuk, lepaskan kulit, dan keluarkan inti.

b) Potong tomato kasar dan gabungkan dengan lada cincang, bawang dan bahan-bahan yang tinggal dalam periuk besar. Panaskan hingga mendidih, kecilkan api dan reneh selama 10 minit. Isi balang panas, tinggalkan ruang kepala 1/2 inci.

c) Keluarkan gelembung udara dan laraskan ruang kepala jika perlu. Lap rim balang dengan tuala kertas bersih yang dilembapkan.

d) Laraskan penutup dan proses.

24. salsa Chile

bahan-bahan:

- 10 cawan tomato yang dikupas, dibuang biji, dicincang
- 6 cawan lada cili yang dibiji, dicincang
- 4 cawan bawang cincang
- 1 cawan cuka (5%)
- 3 sudu kecil garam
- 1/2 sudu teh lada

Hasil: Kira-kira 7 hingga 9 pint

Arah:

a) Basuh tomato dan celupkan dalam air mendidih selama 30 hingga 60 saat atau sehingga kulit berpecah.

b) Celupkan dalam air sejuk, lepaskan kulit, dan keluarkan inti. Satukan bahan dalam periuk besar. Panaskan hingga mendidih dan reneh 10 minit. Isikan salsa panas ke dalam balang pint panas, tinggalkan ruang kepala 1/2 inci.

c) Keluarkan gelembung udara dan laraskan ruang kepala jika perlu. Lap rim balang dengan tuala kertas bersih yang dilembapkan.

d) Laraskan penutup dan proses.

25. Salsa hijau tomato

bahan-bahan:

- 5 cawan tomato cincang
- 1-1/2 cawan cili hijau panjang yang dibiji, dicincang
- 1/2 cawan lada jalapeño yang dibiji, dicincang
- 4 cawan bawang cincang
- 1 cawan jus lemon botol
- 6 ulas bawang putih, cincang
- 1 sudu besar jintan kisar (pilihan)
- 3 sudu besar daun oregano (pilihan)
- 1 sudu besar garam
- 1 sudu kecil lada hitam

Hasil: Kira-kira 5 pint

Arah:

a) Satukan semua bahan dalam periuk besar dan kacau selalu dengan api yang tinggi sehingga adunan mula mendidih, kemudian kecilkan api dan reneh selama 20 minit, kacau sekali-sekala.

b) Senduk panas salsa ke dalam balang pain panas, meninggalkan ruang kepala 1/2 inci.

c) Keluarkan gelembung udara dan laraskan ruang kepala jika perlu. Lap rim balang dengan tuala kertas bersih yang dilembapkan.

d) Laraskan penutup dan proses.

26. salsa pes tomato

bahan-bahan:

- 7 liter tomato dikupas, dibuang biji, dicincang
- 4 cawan cili hijau panjang yang dibiji, dicincang
- 5 cawan bawang cincang
- 1/2 cawan lada jalapeño yang dibiji, dicincang
- 6 ulas bawang putih, cincang
- 2 cawan botol jus lemon atau limau nipis
- 2 sudu besar garam
- 1 Sudu besar lada hitam
- 2 sudu besar jintan kisar (pilihan)
- 3 sudu besar daun oregano (pilihan)
- 2 sudu besar ketumbar segar (pilihan)

Hasil: Kira-kira 16 hingga 18 liter

Arah:

a) Basuh tomato dan celupkan dalam air mendidih selama 30 hingga 60 saat atau sehingga kulit berpecah. Celupkan dalam air sejuk, lepaskan kulit, dan keluarkan inti.

b) Satukan semua bahan kecuali jintan manis, oregano dan ketumbar dalam periuk besar dan biarkan mendidih, kacau selalu, kemudian kecilkan api dan renehkan 10 minit.

c) Masukkan rempah dan reneh selama 20 minit lagi, kacau sekali-sekala. Isikan salsa panas ke dalam balang pint panas, tinggalkan ruang kepala 1/2 inci.

d) Keluarkan gelembung udara dan laraskan ruang kepala jika perlu. Lap rim balang dengan tuala kertas bersih yang dilembapkan.

e) Laraskan penutup dan proses.

27. salsa tomato

bahan-bahan:

- 4 cawan tomato dikupas, dibuang biji, dicincang
- 2 cawan cili hijau panjang yang telah dibiji, dicincang
- 1/2 cawan lada jalapeño yang dibiji, dicincang
- 3/4 cawan bawang cincang
- 4 ulas bawang putih, cincang
- 2 cawan cuka (5%)
- 1 sudu teh jintan kisar (pilihan)
- 1 sudu besar daun oregano (pilihan)
- 1 sudu besar ketumbar segar (pilihan)
- 1-1/2 sudu teh garam

Hasil: Kira-kira 4 pint

Arah:

a) Basuh tomato dan celupkan dalam air mendidih selama 30 hingga 60 saat atau sehingga kulit berpecah. Celupkan dalam air sejuk, lepaskan kulit, dan keluarkan inti.

b) Satukan semua bahan dalam periuk besar dan biarkan mendidih, kacau selalu. Kecilkan api dan reneh selama 20 minit, kacau sekali-sekala.

c) Isikan salsa panas ke dalam balang pint panas, tinggalkan ruang kepala 1/2 inci.

d) Keluarkan gelembung udara dan laraskan ruang kepala jika perlu. Lap rim balang dengan tuala kertas bersih yang dilembapkan.

e) Laraskan penutup dan proses.

28. Salsa tomato/cili hijau

bahan-bahan:

- 3 cawan tomato dikupas, dibuang biji, dicincang
- 3 cawan cili hijau panjang yang dibiji, dicincang
- 3/4 cawan bawang cincang
- 1 lada jalapeno, dibiji, dicincang
- 6 ulas bawang putih, cincang
- 1-1/2 cawan cuka (5%)
- 1/2 sudu teh jintan kisar (pilihan)
- 2 sudu teh daun oregano (pilihan)
- 1-1/2 sudu teh garam

Hasil: Kira-kira 3 pint

Arah:

a) Basuh tomato dan celupkan dalam air mendidih selama 30 hingga 60 saat atau sehingga kulit berpecah. Celupkan dalam air sejuk, lepaskan kulit, dan keluarkan inti.

b) Satukan semua bahan dalam periuk besar dan panaskan, kacau selalu, sehingga adunan mendidih. Kecilkan api dan reneh selama 20 minit, kacau sekali-sekala.

c) Isikan salsa panas ke dalam balang pint panas, tinggalkan ruang kepala 1/2 inci.

d) Keluarkan gelembung udara dan laraskan ruang kepala jika perlu. Lap rim balang dengan tuala kertas bersih yang dilembapkan.

e) Laraskan penutup dan proses.

29. Sos taco tomato

bahan-bahan:

- 8 liter tomato paste yang dikupas, dibuang biji, dicincang
- 2 ulas bawang putih, ditumbuk
- 5 cawan bawang cincang
- 4 lada jalapeno, dibiji, dicincang
- 4 cili hijau panjang, dibiji, dicincang
- 2-1/2 cawan cuka
- 2 sudu besar garam
- 1-1/2 Sudu besar lada hitam
- 1 Sudu besar gula
- 2 sudu besar daun oregano (pilihan)
- 1 sudu teh jintan kisar (pilihan)

Hasil: Kira-kira 16 hingga 18 liter

Arah:

a) Satukan bahan dalam periuk besar. Didihkan, kemudian kecilkan api dan reneh, kacau selalu sehingga pekat (kira-kira 1 jam).

b) Isikan sos panas ke dalam balang pain panas, tinggalkan ruang kepala 1/2 inci.

c) Keluarkan gelembung udara dan laraskan ruang kepala jika perlu. Lap rim balang dengan tuala kertas bersih yang dilembapkan.

d) Laraskan penutup dan proses.

30. Chile con carne

bahan-bahan:

- 3 cawan pinto kering atau kacang merah
- 5-1/2 cawan air
- 5 sudu kecil garam (diasingkan)
- 3 lbs daging lembu kisar
- 1-1/2 cawan bawang cincang
- 1 cawan lada cincang pilihan anda
- 1 sudu kecil lada hitam
- 3 hingga 6 Sudu besar serbuk cili
- 2 liter tomato dihancurkan atau keseluruhan

Hasil: 9 pint

Arah:

a) Basuh kacang dengan teliti dan letakkannya dalam 2 qt. periuk. Tambah air sejuk ke paras 2 hingga 3 inci di atas kacang dan rendam 12 hingga 18 jam. Toskan dan buang air.

b) Campurkan kacang dengan 5-1/2 cawan air tawar dan 2 sudu teh garam. Biarkan mendidih. Kecilkan api dan renehkan 30 minit. Toskan dan buang air.

c) Daging lembu kisar perang, bawang cincang, dan lada (jika dikehendaki), dalam kuali. Toskan lemak dan masukkan 3 sudu teh garam, lada sulah, serbuk cili, tomato dan kacang masak toskan. Reneh 5 minit. Awas: Jangan pekat. Isi balang panas, tinggalkan ruang kepala 1 inci.

d) Keluarkan gelembung udara dan laraskan ruang kepala jika perlu. Lap rim balang dengan tuala kertas bersih yang dilembapkan.

e) Laraskan penutup dan proses.

SAYURAN & PRODUK SAYUR

31. Sayur campur

bahan-bahan:

- 6 cawan lobak merah yang dihiris
- 6 cawan dipotong, keseluruhan isirong manis co rn
- 6 cawan kacang hijau dipotong
- 6 cawan kacang lima yang dikupas
- 4 cawan tomato utuh atau hancur
- 4 cawan zucchini potong dadu

Hasil: 7 liter

Arah:

a) Kecuali zucchini, basuh dan sediakan sayur-sayuran seperti yang diterangkan sebelum ini untuk setiap sayuran. Basuh, potong, dan potong atau kiub zucchini; satukan semua sayur-sayuran dalam periuk besar atau cerek, dan tambah air yang cukup untuk menutup kepingan.

b) Tambah 1 sudu teh garam setiap liter ke dalam balang, jika dikehendaki. Rebus 5 minit dan balang panas dengan kepingan panas dan cecair, meninggalkan ruang kepala 1 inci.

c) Keluarkan gelembung udara dan laraskan ruang kepala jika perlu. Lap rim balang dengan tuala kertas bersih yang dilembapkan.

d) Laraskan penutup dan proses.

32. Succotash

bahan-bahan:

- 15 lbs jagung manis yang tidak dikuliti
- 14 lbs kacang lima buah hijau matang
- 2 liter tomato dihancurkan atau keseluruhan

Hasil: 7 liter

Arah:

a) Basuh dan sediakan hasil segar seperti yang diterangkan sebelum ini untuk sayur-sayuran tertentu.

b) Pek panas—Satukan semua sayur-sayuran yang disediakan dalam cerek besar dengan air yang mencukupi untuk menutupi kepingan. Tambah 1 sudu teh garam ke setiap balang liter panas, jika dikehendaki. Rebus succotash perlahan-lahan 5 minit dan balang panas yang sakit dengan kepingan dan cecair memasak, meninggalkan ruang kepala 1 inci.

c) Pek mentah—Isi balang panas dengan bahagian yang sama bagi semua sayur-sayuran yang disediakan, tinggalkan ruang kepala 1 inci. Jangan goncang atau tekan kepingan. Tambah 1 sudu teh garam ke setiap balang liter, jika dikehendaki. Tambah air mendidih segar, meninggalkan ruang kepala 1 inci.

d) Keluarkan gelembung udara dan laraskan ruang kepala jika perlu. Lap rim balang dengan tuala kertas bersih yang dilembapkan.

e) Laraskan penutup dan proses.

YANG DIPERAM & DIACAR

33. Acar Dill

bahan-bahan:

- 4 lb timun jeruk 4 inci
- 2 sudu besar biji dill atau 4 hingga 5 kepala dill segar atau kering
- 1/2 cawan garam
- 1/4 cawan cuka (5%
- 8 cawan air dan satu atau lebih bahan berikut:
- 2 ulas bawang putih (pilihan)
- 2 lada merah kering (pilihan)
- 2 sudu teh rempah jeruk campuran keseluruhan

Arah:

a) Basuh timun. Potong 1/16 inci bahagian hujung bunga dan buang. Biarkan 1/4 inci batang melekat. Letakkan separuh dill dan rempah di bahagian bawah bekas yang bersih dan sesuai .

b) Tambah timun, baki dill, dan rempah. Larutkan garam dalam cuka dan air dan tuangkan timun.

c) Tambah penutup dan berat yang sesuai. Simpan pada suhu antara 70° dan 75°F selama kira-kira 3 hingga 4 minggu semasa menapai. Suhu 55° hingga 65°F boleh diterima, tetapi penapaian akan mengambil masa 5 hingga 6 minggu.

d) Elakkan suhu melebihi 80°F, atau jeruk akan menjadi terlalu lembut semasa penapaian. Menapai jeruk sembuh perlahan-lahan. Periksa bekas beberapa kali seminggu dan segera keluarkan kotoran atau acuan permukaan. Awas: Jika jeruk menjadi lembut, berlendir, atau mengeluarkan bau yang tidak menyenangkan, buangkannya.

e) Jeruk yang ditapai sepenuhnya boleh disimpan di dalam bekas asal selama kira-kira 4 hingga 6 bulan, dengan syarat ia disejukkan dan kotoran dan acuan permukaan dikeluarkan dengan kerap. Mengetin jeruk yang ditapai sepenuhnya adalah cara yang lebih baik untuk menyimpannya. Untuk membuat mereka, tuangkan air garam ke dalam kuali, panaskan perlahan-lahan hingga mendidih, dan reneh selama 5 minit. Tapis air garam melalui penapis kopi kertas untuk mengurangkan kekeruhan, jika dikehendaki.

f) Isi balang panas dengan jeruk dan air garam panas, meninggalkan ruang kepala 1/2 inci.

g) Keluarkan gelembung udara dan laraskan ruang kepala jika perlu. Lap rim balang dengan tuala kertas bersih yang dilembapkan.

h) Laraskan penutup dan proses .

34. Sauerkraut

bahan-bahan:

- 25 lbs kubis
- 3/4 cawan pengetinan atau garam jeruk

Hasil: Kira-kira 9 liter

Arah:

a) Bekerja dengan kira-kira 5 paun kubis pada satu masa. Buang daun luar. Bilas kepala di bawah air sejuk yang mengalir dan toskan. Potong kepala di bahagian empat dan keluarkan teras. Carik atau hiris setebal suku.

b) Masukkan kubis ke dalam bekas penapaian yang sesuai dan masukkan 3 sudu besar garam. Gaul sebati, gunakan tangan yang bersih. Pek padat sehingga garam mengeluarkan jus dari kubis.

c) Ulangi mencincang, mengasinkan, dan membungkus sehingga semua kubis berada di dalam bekas. Pastikan ia cukup dalam supaya rimnya sekurang-kurangnya 4 atau 5 inci di atas kubis. Jika jus tidak menutupi kubis, tambah air garam yang direbus dan disejukkan (1-1/2 sudu besar garam setiap liter air).

d) Tambah pinggan dan pemberat; tutup bekas dengan tuala mandi yang bersih. Simpan pada suhu 70° hingga 75°F semasa menapai. Pada suhu antara 70° dan 75°F, kraut akan ditapai sepenuhnya dalam kira-kira 3 hingga 4 minggu; pada 60° hingga 65°F, penapaian mungkin mengambil masa 5 hingga 6 minggu. Pada suhu yang lebih rendah daripada 60°F, kraut mungkin tidak ditapai. Di atas 75°F, kraut mungkin menjadi lembut.

e) Jika anda menimbang kubis dengan beg berisi air garam, jangan ganggu tempayan sehingga penapaian normal selesai (apabila gelembung berhenti). Jika anda menggunakan balang sebagai pemberat, anda perlu memeriksa kraut dua hingga tiga kali setiap minggu dan mengeluarkan najis jika ia terbentuk. Kraut yang ditapai sepenuhnya boleh disimpan dengan tertutup rapat di dalam peti sejuk selama beberapa bulan .

f) Keluarkan gelembung udara dan laraskan ruang kepala jika perlu. Lap rim balang dengan tuala kertas bersih yang dilembapkan. Laraskan penutup dan proses.

35. Acar roti dan mentega

bahan-bahan:

- 6 paun timun jeruk 4 hingga 5 inci
- 8 cawan bawang besar yang dihiris nipis
- 1/2 cawan pengetinan atau garam jeruk
- 4 cawan cuka (5%)

- 4-1/2 cawan gula
- 2 Sudu besar biji sawi
- 1-1/2 Sudu besar biji saderi
- 1 Sudu besar kunyit kisar
- 1 cawan jeruk limau nipis

Hasil: Kira-kira 8 pint

Arah:

a) Basuh timun. Potong 1/16 inci hujung bunga dan buang. Potong menjadi kepingan 3/16 inci. Satukan timun dan bawang dalam mangkuk besar. Masukkan garam. Tutup dengan 2 inci ais hancur atau kiub. Sejukkan 3 hingga 4 jam, tambahkan lebih banyak ais mengikut keperluan.

b) Satukan baki bahan dalam periuk besar. Rebus 10 minit. Toskan dan masukkan timun dan bawang besar dan perlahan-lahan panaskan semula hingga mendidih. Isikan balang panas dengan hirisan dan sirap memasak, tinggalkan ruang kepala 1/2 inci. Keluarkan gelembung udara dan laraskan ruang kepala jika perlu. Lap rim balang dengan tuala kertas bersih yang dilembapkan.

c) Laraskan penutup dan proses ss.

36. Fresh-pack acar dill

bahan-bahan:

- 8 lb timun jeruk 3 hingga 5 inci
- 2 gal lon air
- 1-1/4 cawan pengetinan atau garam jeruk
- 1-1/2 liter cuka (5%)
- 1/4 cawan gula
- 2 liter air
- 2 Sudu besar rempah jeruk campuran keseluruhan
- kira-kira 3 sudu besar biji sawi keseluruhan (1 sudu teh setiap balang pain)
- kira-kira 14 kepala dill segar (1-1/2 kepala setiap balang pain) atau
- 4-1/2 sudu besar biji dill (1-1/2 sudu teh setiap balang pain)

Hasil: Kira-kira 7 hingga 9 pint

Arah:

a) Basuh timun. Potong 1/16 inci bahagian hujung bunga dan buang, tetapi biarkan 1/4 inci batang melekat. Larutkan 3/4 cawan garam dalam 2 gelen air. Tuangkan ke atas timun dan biarkan selama 12 jam. longkang.

b) Satukan cuka, 1/2 cawan garam, gula, dan 2 liter air. Masukkan rempah jeruk campuran yang diikat dengan kain putih bersih. Panaskan hingga mendidih. Isi balang panas dengan timun.

c) Tambah 1 sudu teh biji sawi dan 1-1/2 kepala dill segar setiap pain. Tutup dengan larutan penjerukan mendidih, tinggalkan ruang kepala 1/2 inci. Keluarkan gelembung udara dan laraskan ruang kepala jika perlu. Lap rim balang dengan tuala kertas bersih yang dilembapkan.

d) Laraskan penutup dan proses.

37. Acar gherkin manis

bahan-bahan:

- 7 paun timun (1-1/2 inci atau kurang)
- 1/2 cawan pengetinan atau garam jeruk
- 8 cawan gula
- 6 cawan cuka (5%)
- 3/4 sudu teh kunyit
- 2 sudu kecil biji saderi
- 2 sudu teh rempah penjerukan campuran keseluruhan
- 2 batang kayu manis
- 1/2 sudu teh adas (pilihan)
- 2 sudu teh vanila (pilihan)

Hasil: Kira-kira 6 hingga 7 liter

Arah:

a) Basuh timun. Potong 1/16 inci bahagian hujung bunga dan buang, tetapi biarkan 1/4 inci batang melekat.

b) Letakkan timun dalam bekas besar dan tutup dengan air mendidih. Enam hingga 8 jam kemudian, dan sekali lagi pada hari kedua, toskan dan tutup dengan 6 liter air mendidih segar yang mengandungi 1/4 cawan garam. Pada hari ketiga, toskan dan cucuk timun dengan garpu meja.

c) Satukan dan biarkan mendidih 3 cawan cuka, 3 cawan gula, kunyit, dan rempah. Tuangkan ke atas timun. Enam hingga 8 jam kemudian, toskan dan simpan sirap jeruk. Tambah 2 cawan lagi setiap satu gula dan cuka dan panaskan semula sehingga mendidih. Tuang atas jeruk.

d) Pada hari keempat, toskan dan simpan sirap. Tambah lagi 2 cawan gula dan 1 cawan cuka. Panaskan hingga mendidih dan tuangkan jeruk. Toskan dan simpan sirap jeruk 6 hingga 8 jam kemudian.

Masukkan 1 cawan gula dan 2 sudu teh vanila dan panaskan hingga mendidih.

e) Isi balang pint steril panas dengan jeruk dan tutup dengan sirap panas, meninggalkan ruang kepala 1/2 inci.

f) Keluarkan gelembung udara dan laraskan ruang kepala jika perlu. Lap rim balang dengan tuala kertas bersih yang dilembapkan.

g) Laraskan penutup dan proses.

38. Acar manis 14 hari

bahan-bahan:

- 4 paun timun jeruk 2 hingga 5 inci
- 3/4 cawan pengetinan atau garam jeruk
- 2 sudu kecil biji saderi
- 2 Sudu besar campuran rempah jeruk
- 5-1/2 cawan gula
- 4 cawan cuka (5%)

Hasil: Kira-kira 5 hingga 9 pint

Arah:

a) Basuh timun. Potong 1/16 inci bahagian hujung bunga dan buang, tetapi biarkan 1/4 inci batang melekat. Letakkan timun keseluruhan dalam bekas 1 galon yang sesuai.

b) Masukkan 1/4 cawan pengetinan atau garam jeruk ke dalam 2 liter air dan biarkan mendidih. Tuangkan ke atas timun. Tambah penutup dan berat yang sesuai.

c) Letakkan tuala bersih di atas bekas dan pastikan suhu pada kira-kira 70°F. Pada hari ketiga dan kelima, toskan air garam dan buang. Bilas timun dan kembalikan timun ke dalam bekas. Masukkan 1/4 cawan garam kepada 2 liter air tawar dan rebus. Tuangkan ke atas timun.

d) Gantikan penutup dan berat, dan tutup semula dengan tuala bersih. Pada hari ketujuh, toskan air garam dan buang. Bilas timun , penutup dan berat.

39. Acar manis cepat

bahan-bahan:

- 8 paun timun jeruk 3 hingga 4 inci
- 1/3 cawan pengetinan atau garam jeruk
- 4-1/2 cawan gula
- 3-1/2 cawan cuka (5%)
- 2 sudu kecil biji saderi
- 1 Sudu besar lada sulah
- 2 Sudu besar biji sawi
- 1 cawan jeruk limau nipis (pilihan)

Hasil: Kira-kira 7 hingga 9 pint

Arah:

a) Basuh timun. Potong 1/16 inci hujung bunga dan buang, tetapi biarkan 1/4 inci batang melekat. Potong atau potong dalam jalur, jika dikehendaki. Letakkan dalam mangkuk dan taburkan dengan 1/3 cawan garam. Tutup dengan 2 inci ais hancur atau kiub.

b) Sejukkan 3 hingga 4 jam. Tambah lagi ais mengikut keperluan. Toskan dengan baik.

c) Satukan gula, cuka, biji saderi, lada sulah, dan biji sawi dalam cerek 6 liter. Panaskan hingga mendidih.

d) Pek panas—Masukkan timun dan panaskan perlahan-lahan sehingga larutan cuka kembali mendidih. Kacau sekali-sekala untuk memastikan adunan panas sama rata. Isi balang steril, tinggalkan ruang kepala 1/2 inci.

e) Pek mentah—Isi balang panas, tinggalkan ruang kepala 1/2 inci. Tambah sirap jeruk panas, meninggalkan ruang kepala 1/2 inci.

f) Keluarkan gelembung udara dan laraskan ruang kepala jika perlu. Lap rim balang dengan tuala kertas bersih yang dilembapkan.

g) Laraskan penutup dan proses.

40. Asparagus jeruk

bahan-bahan:

- 10 lbs asparagus
- 6 ulas bawang putih besar
- 4-1/2 cawan air
- 4-1/2 cawan cuka suling putih (5%)
- 6 lada sulah kecil (pilihan)
- 1/2 cawan garam pengetinan
- 3 sudu teh biji dill

Hasil: 6 balang pint mulut lebar

Arah:

a) Basuh asparagus dengan baik, tetapi perlahan-lahan, di bawah air yang mengalir. Potong batang dari bahagian bawah untuk meninggalkan lembing dengan hujung yang dimasukkan ke dalam balang pengetinan, meninggalkan ruang kepala lebih sedikit daripada 1/2 inci. Kupas dan basuh ulas bawang putih.

b) Letakkan seulas bawang putih di bahagian bawah setiap balang, dan kemas asparagus ke dalam balang panas dengan hujung tumpul ke bawah. Dalam periuk 8 liter, satukan air, cuka, lada panas (pilihan), garam dan biji dill.

c) Biarkan mendidih. Letakkan satu lada panas (jika digunakan) dalam setiap balang di atas lembing asparagus. Tuangkan air garam penjerukan panas yang mendidih ke atas lembing, tinggalkan ruang kepala 1/2 inci.

d) Keluarkan gelembung udara dan laraskan ruang kepala jika perlu. Lap rim balang dengan tuala kertas bersih yang dilembapkan.

e) Laraskan penutup dan proses.

41. Acar kacang dill

bahan-bahan:

- 4 lbs kacang hijau atau kuning segar yang lembut
- Dill segar 8 hingga 16 kepala
- 8 ulas bawang putih (pilihan)
- 1/2 cawan pengetinan atau garam jeruk

- 4 cawan cuka putih (5%)
- 4 cawan air
- 1 sudu teh tasik lada merah panas (pilihan)

Hasil: Kira-kira 8 pint

Arah:

a) Basuh dan potong hujung dari kacang dan potong kepada panjang 4 inci. Dalam setiap balang pint steril panas, letakkan 1 hingga 2 kepala dill dan, jika dikehendaki,

1 ulas bawang putih. Letakkan kacang penuh tegak di dalam balang, meninggalkan ruang kepala 1/2 inci.

b) Potong kacang untuk memastikan ia betul, jika perlu. Satukan garam, cuka, air, dan tasik lada (jika mahu). Biarkan mendidih. Tambah larutan panas ke dalam kacang, meninggalkan ruang kepala 1/2 inci.

c) Keluarkan gelembung udara dan laraskan ruang kepala jika perlu. Lap rim balang dengan tuala kertas bersih yang dilembapkan.

d) Laraskan penutup dan proses.

42. Salad tiga kacang acar

bahan-bahan:

- 1-1/2 cawan kacang hijau / kuning yang dicelur
- 1-1/2 cawan dalam tin, toskan, kacang merah
- 1 cawan kacang garbanzo dalam tin, toskan
- 1/2 cawan bawang besar yang dikupas dan dihiris nipis
- 1/2 cawan saderi yang dipotong dan dihiris nipis
- 1/2 cawan hirisan lada hijau
- 1/2 cawan cuka putih (5%)
- 1/4 cawan jus lemon botol
- 3/4 cawan gula
- 1/4 cawan minyak
- 1/2 sudu teh garam pengetinan atau jeruk
- 1-1/4 cawan air

Hasil: Kira-kira 5 hingga 6 setengah pain

Arah:

a) Basuh dan potong hujung kacang segar. Potong atau potong menjadi kepingan 1 hingga 2 inci.

b) Rebus 3 minit dan sejukkan serta-merta. Bilas kacang merah dengan air paip dan toskan semula. Sediakan dan sukat semua sayur-sayuran lain.

c) Satukan cuka, jus lemon, gula, dan air dan biarkan mendidih. Keluarkan dari haba.

d) Masukkan minyak dan garam dan gaul rata. Masukkan kacang, bawang, saderi, dan lada hijau ke dalam larutan dan biarkan mendidih.

e) Perap 12 hingga 14 jam dalam peti sejuk, kemudian panaskan keseluruhan adunan hingga mendidih. Isi balang panas dengan pepejal. Tambah cecair panas, meninggalkan ruang kepala 1/2 inci.

f) Keluarkan gelembung udara dan laraskan ruang kepala jika perlu. Lap rim balang dengan tuala kertas bersih yang dilembapkan.

g) Laraskan penutup dan proses.

43. Acar bit

bahan-bahan:

- 7 paun bit berdiameter 2 hingga 2-1/2 inci
- 4 cawan cuka (5%)
- 1-1/2 sudu teh garam pengetinan atau jeruk
- 2 cawan gula
- 2 cawan air
- 2 batang kayu manis
- 12 ulas keseluruhan
- 4 hingga 6 bawang (diameter 2 hingga 2-1/2 inci),

Hasil: Kira-kira 8 pint

Arah:

a) Potong bahagian atas bit, tinggalkan 1 inci batang dan akar untuk mengelakkan pendarahan warna.

b) Basuh bersih-bersih. Isih mengikut saiz. Tutup saiz yang sama dengan air mendidih dan masak sehingga lembut (kira-kira 25 hingga 30 minit). Awas: Toskan dan buang cecair. Bit sejuk. Potong akar dan batang dan gelinciran kulit. Potong menjadi kepingan 1/4 inci. Kupas dan hiris nipis bawang.

c) Satukan cuka, garam, gula, dan air tawar. Masukkan rempah dalam beg kain keju dan tambah ke dalam campuran cuka. Biarkan mendidih. Masukkan bit dan bawang. Reneh 5 minit. Keluarkan beg rempah.

d) Isi balang panas dengan bit dan bawang, meninggalkan ruang kepala 1/2 inci. Tambah larutan cuka panas, membenarkan ruang kepala 1/2 inci.

e) Keluarkan gelembung udara dan laraskan ruang kepala jika perlu. Lap rim balang dengan tuala kertas bersih yang dilembapkan.

f) Laraskan penutup dan proses.

44. Acar lobak merah

bahan-bahan:

- 2-3/4 lbs lobak merah yang dikupas
- 5-1/2 cawan cuka putih (5%)
- 1 cawan air
- 2 cawan gula
- 2 sudu teh garam pengetinan
- 8 sudu teh biji sawi
- 4 sudu kecil biji saderi

Hasil: Kira-kira 4 pint

Arah:

a) Basuh dan kupas lobak merah. Potong bulat-bulat yang tebalnya lebih kurang 1/2 inci.

b) Satukan cuka, air, gula dan garam pengetinan dalam ketuhar atau periuk belanda 8 liter. Didihkan dan rebus 3 minit. Masukkan lobak merah dan biarkan mendidih semula. Kemudian kecilkan api hingga mendidih dan panaskan sehingga separuh masak (kira-kira 10 minit).

c) Sementara itu, letakkan 2 sudu teh biji sawi dan 1 sudu teh biji saderi ke dalam setiap balang panas panas yang kosong. Isi balang dengan lobak merah panas, tinggalkan ruang kepala 1 inci. Isi dengan cecair penjerukan panas, tinggalkan ruang kepala 1/2 inci.

d) Keluarkan gelembung udara dan laraskan ruang kepala jika perlu. Lap rim balang dengan tuala kertas bersih yang dilembapkan.

e) Laraskan penutup dan proses.

45. Acar kembang kol / brussels

bahan-bahan:

- 12 cawan kubis kecil 1 hingga 2 inci atau pucuk Brussels kecil
- 4 cawan cuka putih (5%)
- 2 cawan gula
- 2 cawan bawang besar yang dihiris nipis
- 1 cawan lada merah manis dipotong dadu
- 2 Sudu besar biji sawi
- 1 Sudu besar biji saderi
- 1 sudu kecil kunyit
- 1 sudu teh tasik lada merah panas

Hasil: Kira-kira 9 setengah liter

Arah:

a) Basuh caulilower f lowerets atau Brussels sprouts (buang batang dan daun luar yang bercela) dan rebus dalam air masin (4 sudu teh garam pengetinan setiap gelen air) selama 3 minit untuk caulilower dan 4 minit untuk Brussels sprouts. Toskan dan sejukkan.

b) Satukan cuka, gula, bawang besar, lada merah potong dadu, dan rempah dalam periuk besar. Biarkan mendidih dan reneh 5 minit. Edarkan bawang dan lada potong dadu di antara balang. Isi balang panas dengan kepingan dan larutan penjerukan, tinggalkan 1/2 inci ruang kepala.

c) Keluarkan gelembung udara dan laraskan ruang kepala jika perlu. Lap rim balang dengan tuala kertas bersih yang dilembapkan.

d) Laraskan penutup dan proses.

46. Chayote dan jicama slaw

bahan-bahan:

- 4 cawan jicama julienned
- 4 cawan julienned chayote
- 2 cawan lada benggala merah dicincang
- 2 lada panas dicincang
- 2-1/2 cawan air
- 2-1/2 cawan cuka sider (5%)
- 1/2 cawan gula putih
- 3-1/2 sudu teh garam pengetinan
- 1 sudu kecil biji saderi (pilihan)

Hasil: Kira-kira 6 setengah liter

Arah:

a) Awas: Pakai sarung tangan plastik atau getah dan jangan sentuh muka anda semasa mengendalikan atau memotong lada panas. Jika anda tidak memakai sarung tangan, basuh tangan dengan bersih dengan sabun dan air sebelum menyentuh muka atau mata anda.

b) Basuh, kupas dan julienne jicama dan chayote nipis-nipis, buang biji chayote itu. Dalam ketuhar Belanda 8 liter atau periuk stok, satukan semua bahan kecuali labu siam. Didihkan dan rebus selama 5 minit.

c) Kecilkan api hingga mendidih dan masukkan labu siam. Didihkan semula dan kemudian tutup api. Isikan pepejal panas ke dalam balang separuh pain panas, tinggalkan 1/2 inci ruang kepala.

d) Tutup dengan cecair masak mendidih, biarkan ruang kepala 1/2 inci.

e) Keluarkan gelembung udara dan laraskan ruang kepala jika perlu. Lap rim balang dengan tuala kertas bersih yang dilembapkan.

f) Laraskan penutup dan proses.

47. Acar roti dan mentega jicama

bahan-bahan:

- 14 cawan jicama kiub
- 3 cawan bawang besar yang dihiris nipis
- 1 cawan lada benggala merah dicincang
- 4 cawan cuka putih (5%)
- 4-1/2 cawan gula
- 2 Sudu besar biji sawi
- 1 Sudu besar biji saderi
- 1 sudu teh kunyit kisar

Hasil: Kira-kira 6 pint

Arah:

a) Satukan cuka, gula dan rempah dalam ketuhar Belanda 12 liter atau periuk besar. Kacau dan biarkan mendidih. Kacau dalam jicama yang disediakan, hirisan bawang, dan lada benggala merah.

Kembali hingga mendidih, kecilkan api dan reneh selama 5 minit. Kacau sekali sekala.

b) Isikan pepejal panas ke dalam balang pint panas, tinggalkan ruang kepala 1/2 inci. Tutup dengan cecair masak mendidih, biarkan ruang kepala 1/2 inci.

c) Keluarkan gelembung udara dan laraskan ruang kepala jika perlu. Lap rim balang dengan tuala kertas bersih yang dilembapkan.

d) Laraskan penutup dan proses.

48. Perap seluruh cendawan

bahan-bahan:

- 7 lbs cendawan keseluruhan kecil
- 1/2 cawan jus lemon botol
- 2 cawan minyak zaitun atau salad
- 2-1/2 cawan cuka putih (5%)
- 1 sudu besar daun oregano
- 1 sudu besar daun selasih kering
- 1 Sudu besar pengetinan atau garam jeruk
- 1/2 cawan bawang cincang
- 1/4 cawan pimiento yang dipotong dadu
- 2 ulas bawang putih, potong empat
- 25 biji lada hitam

Hasil: Kira-kira 9 setengah liter

Arah:

a) Pilih cendawan yang sangat segar yang belum dibuka dengan penutup kurang daripada diameter 1-1/4 inci. Basuh. Potong batang, biarkan 1/4 inci melekat pada penutup. Tambah jus lemon dan air untuk menutup. Didihkan. Reneh 5 minit. Toskan cendawan.

b) Campurkan minyak zaitun, cuka, oregano, basil, dan garam dalam periuk. Masukkan bawang dan pimiento dan panaskan hingga mendidih.

c) Letakkan 1/4 ulas bawang putih dan 2-3 biji lada dalam balang setengah liter. Isi balang panas dengan cendawan dan larutan minyak/cuka panas yang dicampur dengan baik, meninggalkan ruang kepala 1/2 inci.

d) Keluarkan gelembung udara dan laraskan ruang kepala jika perlu. Lap rim balang dengan tuala kertas bersih yang dilembapkan.

e) Laraskan penutup dan proses.

49. Acar dilled okra

bahan-bahan:

- 7 lbs buah bendi kecil
- 6 lada api kecil
- 4 sudu teh biji dill
- 8 hingga 9 ulas bawang putih
- 2/3 cawan pengetinan atau garam jeruk
- 6 cawan air
- 6 cawan cuka (5%)

Hasil: Kira-kira 8 hingga 9 pint

Arah:

a) Basuh dan potong bendi. Isi balang panas dengan ketat dengan bendi keseluruhan, meninggalkan ruang kepala 1/2 inci. Letakkan 1 ulas bawang putih dalam setiap balang.

b) Satukan garam, lada panas, biji dill, air, dan cuka dalam periuk besar dan biarkan mendidih. Tuangkan larutan penjerukan panas ke atas okra, tinggalkan ruang kepala 1/2 inci.

c) Keluarkan gelembung udara dan laraskan ruang kepala jika perlu. Lap rim balang dengan tuala kertas bersih yang dilembapkan.

d) Laraskan penutup dan proses.

50. Acar bawang mutiara

bahan-bahan:

- 8 cawan bawang putih mutiara yang dikupas
- 5-1/2 cawan cuka putih (5%)
- 1 cawan air
- 2 sudu teh garam pengetinan
- 2 cawan gula
- 8 sudu teh biji sawi
- 4 sudu kecil biji saderi

Hasil: Kira-kira 3 hingga 4 liter

Arah:

a) Untuk mengupas bawang, letakkan beberapa pada satu masa dalam bakul atau penapis dawai, celupkan dalam air mendidih selama 30 saat, kemudian keluarkan dan masukkan ke dalam air sejuk selama 30 saat. Potong hirisan 1/16 inci dari hujung akar, dan kemudian keluarkan kulit dan potong 1/16 inci dari hujung bawang yang lain.

b) Satukan cuka, air, garam dan gula dalam ketuhar Belanda 8 liter atau periuk stok. Didihkan dan rebus 3 minit.

c) Masukkan bawang yang telah dikupas dan biarkan mendidih semula. Kecilkan api hingga mendidih dan panaskan sehingga separuh masak (kira-kira 5 minit).

d) Sementara itu, masukkan 2 sudu teh biji sawi dan 1 sudu teh biji saderi ke dalam setiap balang panas panas yang kosong. Isikan dengan bawang panas, tinggalkan ruang kepala 1 inci. Isi dengan cecair penjerukan panas, tinggalkan ruang kepala 1/2 inci.

e) Keluarkan gelembung udara dan laraskan ruang kepala jika perlu. Lap rim balang dengan tuala kertas bersih yang dilembapkan.

f) Laraskan penutup dan proses.

51. Lada perap

bahan-bahan:

- Loceng, Hungary, pisang, atau jalapeño
- 4 lbs lada pejal
- 1 cawan jus lemon botol
- 2 cawan cuka putih (5%)
- 1 sudu besar daun oregano
- 1 cawan minyak zaitun atau salad
- 1/2 cawan bawang cincang
- 2 ulas bawang putih, dibelah empat (pilihan)
- 2 sudu besar lobak pedas yang disediakan (pilihan)

Hasil: Kira-kira 9 setengah liter

Arah:

a) Pilih lada kegemaran anda. Awas: Jika anda memilih lada panas, pakai sarung tangan plastik atau getah dan jangan sentuh muka anda semasa mengendalikan atau memotong lada panas.

b) Basuh, potong dua hingga empat celah dalam setiap lada, dan rebus dalam air mendidih atau kulit lepuh pada lada panas berkulit keras menggunakan salah satu daripada dua kaedah ini:

c) Kaedah ketuhar atau ayam daging untuk melepuh kulit – Letakkan lada dalam ketuhar panas (400°F) atau di bawah ayam daging selama 6 hingga 8 minit sehingga kulit melepuh.

d) Kaedah julat atas untuk melepuh kulit – Tutup penunu panas (sama ada gas atau elektrik) dengan mata dawai berat.

e) Letakkan lada pada penunu selama beberapa minit sehingga kulit melepuh.

f) Selepas kulit melepuh, letakkan lada dalam kuali dan tutup dengan kain lembap. (Ini akan memudahkan mengupas lada.) Sejukkan beberapa minit; kupas kulit. Ratakan lada keseluruhan.

g) Campurkan semua bahan yang tinggal dalam periuk dan panaskan hingga mendidih. Letakkan 1/4 ulas bawang putih (pilihan) dan 1/4 sudu teh garam dalam setiap balang setengah pain panas atau 1/2 sudu teh setiap pain. Isi balang panas dengan lada. Tambah larutan minyak/perasa yang panas dan sebati di atas lada, tinggalkan ruang kepala 1/2 inci.

h) Keluarkan gelembung udara dan laraskan ruang kepala jika perlu. Lap rim balang dengan tuala kertas bersih yang dilembapkan.

i) Laraskan penutup dan proses.

52. Lada benggala jeruk

bahan-bahan:

- 7 lbs f irm lada benggala
- 3-1/2 cawan gula
- 3 cawan cuka (5%)
- 3 cawan air
- 9 ulas bawang putih
- 4-1/2 sudu teh garam pengetinan atau jeruk

Hasil: Kira-kira 9 pint

Arah:

a) Basuh lada, potong empat bahagian, keluarkan inti dan biji, dan potong sebarang noda. Potong lada dalam jalur. Rebus gula, cuka, dan air selama 1 minit.

b) Masukkan lada dan biarkan mendidih. Letakkan 1/2 ulas bawang putih dan 1/4 sudu teh garam dalam setiap balang setengah pain steril panas; dua kali ganda jumlah balang pint.

c) Tambah jalur lada dan tutup dengan campuran cuka panas, tinggalkan 1/2 inci

53. Acar lada panas

bahan-bahan:

- Hungary, pisang, cili, jalapeño
- 4 paun lada merah, hijau atau kuning yang panas
- 3 lbs lada merah dan hijau manis, dicampur
- 5 cawan cuka (5%)
- 1 cawan air
- 4 sudu teh pengetinan atau garam jeruk
- 2 Sudu besar gula
- 2 ulas bawang putih

Hasil: Kira-kira 9 pint

Arah:

a) Awas: Pakai sarung tangan plastik atau getah dan jangan sentuh muka anda semasa mengendalikan atau memotong lada panas. Jika anda tidak memakai sarung tangan, basuh tangan dengan bersih dengan sabun dan air sebelum menyentuh muka atau mata anda.

b) Basuh lada. Jika lada kecil dibiarkan utuh, potong 2 hingga 4 celah setiap satu. Suku besar lada.

c) Rebus dalam air mendidih atau kulit melepuh pada lada panas berkulit keras menggunakan salah satu daripada dua kaedah ini:

d) Kaedah ketuhar atau ayam daging untuk melepuh kulit – Letakkan lada dalam ketuhar panas (400°F) atau di bawah ayam daging selama 6 hingga 8 minit sehingga kulit melepuh.

e) Kaedah julat atas untuk melepuh kulit – Tutup penunu panas (sama ada gas atau elektrik) dengan mata dawai berat.

f) Letakkan lada pada penunu selama beberapa minit sehingga kulit melepuh.

g) Selepas kulit melepuh, letakkan lada dalam kuali dan tutup dengan kain lembap. (Ini akan memudahkan mengupas lada.) Sejukkan beberapa minit; kupas kulit. Ratakan lada kecil. Suku besar lada. Isi balang panas dengan lada, tinggalkan ruang kepala 1/2 inci.

h) Satukan dan panaskan bahan-bahan lain hingga mendidih dan reneh selama 10 minit. Keluarkan bawang putih. Tambah larutan jeruk panas di atas lada, meninggalkan ruang kepala 1/2 inci.

i) Keluarkan gelembung udara dan laraskan ruang kepala jika perlu. Lap rim balang dengan tuala kertas bersih yang dilembapkan.

j) Laraskan penutup dan proses.

54. Cincin lada jalapeño jeruk

bahan-bahan:

- 3 lbs lada jalapeno
- 1-1/2 cawan jeruk limau nipis
- 1-1/2 gelen air
- 7-1/2 cawan cuka sider (5%)
- 1-3/4 cawan air
- 2-1/2 Sudu besar garam mengetin
- 3 Sudu besar biji saderi
- 6 Sudu besar biji sawi

Hasil: Kira-kira 6 balang pain

Arah:

a) Awas: Pakai sarung tangan plastik atau getah dan jangan sentuh muka anda semasa mengendalikan atau memotong lada panas.

b) Basuh lada dengan baik dan potong menjadi kepingan tebal 1/4 inci. Buang hujung batang.

c) Campurkan 1-1/2 cawan jeruk kapur dengan 1-1/2 gelen air dalam bekas keluli tahan karat, kaca atau plastik gred makanan. Elakkan daripada menyedut habuk kapur semasa mencampurkan larutan air kapur.

d) Rendam hirisan lada dalam air kapur, dalam peti sejuk, selama 18 jam, kacau sekali-sekala (12 hingga 24 jam boleh digunakan). Toskan larutan kapur dari cincin lada yang direndam.

e) Bilas lada perlahan-lahan tetapi bersih dengan air. Tutup cincin lada dengan air sejuk segar dan rendam, dalam peti sejuk, 1 jam. Toskan air dari lada. Ulang langkah membilas, merendam dan mengeringkan dua kali lagi. Toskan dengan teliti di hujungnya.

f) Letakkan 1 sudu besar biji sawi dan 1-1/2 sudu teh biji saderi di bahagian bawah setiap balang panas. Kemaskan cincin lada yang telah dikeringkan ke dalam balang, tinggalkan ruang kepala 1/2 inci. Didihkan cuka sari apel, 1-3/4 cawan air dan garam pengetinan dengan api yang tinggi. Sendukkan larutan air garam panas di atas gelang lada dalam balang, tinggalkan ruang kepala 1/2 inci.

g) Keluarkan gelembung udara dan laraskan ruang kepala jika perlu. Lap rim balang dengan tuala kertas bersih yang dilembapkan.

h) Laraskan penutup dan proses.

55. Cincin lada kuning jeruk

bahan-bahan:

- 2-1/2 hingga 3 paun lada kuning (pisang).
- 2 Sudu besar biji saderi
- 4 Sudu besar biji sawi
- 5 cawan cuka sider (5%)
- 1-1/4 cawan air
- 5 sudu teh garam pengetinan

Hasil: Kira-kira 4 balang pain

Arah:

a) Basuh lada dengan baik dan keluarkan hujung batang; hiris lada ke dalam cincin setebal 1/4 inci. Letakkan 1/2 sudu besar biji saderi dan 1 sudu besar biji sawi di bahagian bawah setiap balang panas panas yang kosong.

b) Isikan cincin lada ke dalam balang, tinggalkan 1/2 inci ruang kepala. Dalam ketuhar atau periuk Belanda 4 liter, satukan cuka sari, air dan garam; panaskan hingga mendidih. Tutup cincin lada dengan cecair penjerukan mendidih, tinggalkan ruang kepala 1/2 inci.

c) Keluarkan gelembung udara dan laraskan ruang kepala jika perlu. Lap rim balang dengan tuala kertas bersih yang dilembapkan.

d) Laraskan penutup dan proses.

56. Acar tomato hijau manis

bahan-bahan:

- 10 hingga 11 lb tomato hijau
- 2 cawan bawang hiris
- 1/4 cawan pengetinan atau garam jeruk
- 3 cawan gula perang
- 4 cawan cuka (5%)
- 1 Sudu besar biji sawi
- 1 Sudu besar lada sulah
- 1 Sudu besar biji saderi
- 1 Sudu besar cengkih keseluruhan

Hasil: Kira-kira 9 pint

Arah:

a) Basuh dan potong tomato dan bawang. Letakkan dalam mangkuk, taburkan dengan 1/4 cawan garam, dan biarkan selama 4 hingga 6 jam. longkang.

Panaskan dan kacau gula dalam cuka sehingga larut.

b) Ikat biji sawi, lada sulah, biji saderi dan bunga cengkih dalam beg rempah. Tambah kepada cuka dengan tomato dan bawang. Jika perlu, tambah air minimum untuk menutup kepingan. Didihkan dan reneh selama 30 minit, kacau mengikut keperluan untuk mengelakkan pembakaran. Tomato hendaklah lembut dan telus apabila dimasak dengan betul.

c) Keluarkan beg rempah. Isi balang panas dengan pepejal dan tutup dengan larutan penjerukan panas, meninggalkan ruang kepala 1/2 inci.

d) Keluarkan gelembung udara dan laraskan ruang kepala jika perlu. Lap rim balang dengan tuala kertas bersih yang dilembapkan.

e) Laraskan penutup dan proses.

57. Acar sayur campur

bahan-bahan:

- 4 paun timun jeruk 4 hingga 5 inci
- 2 lbs bawang kecil dikupas dan dibelah empat
- 4 cawan saderi dipotong (keping 1 inci)
- 2 cawan lobak merah yang dikupas dan dipotong (keping 1/2 inci)
- 2 cawan potong lada merah manis (keping 1/2 inci)
- 2 cawan kaulilow f lowerets
- 5 cawan cuka putih (5%)
- 1/4 cawan sawi yang disediakan
- 1/2 cawan pengetinan atau garam jeruk
- 3-1/2 cawan gula
- 3 Sudu besar biji saderi
- 2 Sudu besar biji sawi
- 1/2 sudu teh ulas keseluruhan
- 1/2 sudu teh kunyit kisar

Hasil: Kira-kira 10 pint

Arah:

a) Satukan sayur-sayuran, tutup dengan 2 inci ais kiub atau hancur, dan sejukkan 3 hingga 4 jam. Dalam cerek 8 liter, satukan cuka dan mustard dan gaul rata. Masukkan garam, gula, biji saderi, biji sawi, bunga cengkih, kunyit. Biarkan mendidih. Toskan sayur-sayuran dan masukkan ke dalam larutan jeruk panas.

b) Tutup dan biarkan mendidih perlahan-lahan. Toskan sayur-sayuran tetapi simpan larutan jeruk. Isikan sayur-sayuran dalam balang pint steril panas, atau liter panas, meninggalkan ruang kepala 1/2 inci. Tambah larutan penjerukan, tinggalkan ruang kepala 1/2 inci.

c) Keluarkan gelembung udara dan laraskan ruang kepala jika perlu. Lap rim balang dengan tuala kertas bersih yang dilembapkan.

d) Laraskan penutup dan proses.

58. Zucchini roti dan mentega jeruk

bahan-bahan:

- 16 cawan zucchini segar, dihiris
- 4 cawan bawang besar, dihiris nipis
- 1/2 cawan pengetinan atau garam jeruk
- 4 cawan cuka putih (5%)
- 2 cawan gula
- 4 Sudu besar biji sawi
- 2 Sudu besar biji saderi
- 2 sudu teh kunyit kisar

Hasil: Kira-kira 8 hingga 9 pint

Arah:

a) Tutup hirisan zucchini dan bawang dengan 1 inci air dan garam. Biarkan selama 2 jam dan toskan dengan teliti. Satukan cuka, gula, dan rempah. Didihkan dan masukkan zucchini dan bawang besar. Reneh 5 minit dan balang panas yang sakit dengan campuran dan larutan jeruk, tinggalkan ruang kepala 1/2 inci.

b) Keluarkan gelembung udara dan laraskan ruang kepala jika perlu. Lap rim balang dengan tuala kertas bersih yang dilembapkan.

c) Laraskan penutup dan proses .

59. Sedap labu siam dan pear

bahan-bahan:

- 3-1/2 cawan kupas, kupas labu siam
- 3-1/2 cawan pear Seckel yang dikupas, dipotong dadu
- 2 cawan lada benggala merah dicincang
- 2 cawan lada benggala kuning dicincang
- 3 cawan bawang cincang
- 2 lada Serrano, dicincang
- 2-1/2 cawan cuka sider (5%)
- 1-1/2 cawan air
- 1 cawan gula putih
- 2 sudu teh garam pengetinan
- 1 sudu kecil lada sulah
- 1 sudu teh rempah pai labu kisar

Hasil: Kira-kira 5 balang pain

Arah:

a) Basuh, kupas dan potong labu siam dan pear Kiub 1/2 inci, buang inti dan biji. Cincang bawang dan lada. Satukan cuka, air, gula, garam dan rempah dalam ketuhar Belanda atau periuk besar. Didihkan, kacau untuk melarutkan gula.

b) Tambah bawang cincang dan lada; kembali mendidih dan rebus selama 2 minit, kacau sekali-sekala.

c) Tambah labu siam dan pear kiub; kembali ke takat didih dan putar api. Isikan pepejal panas ke dalam balang pint panas, tinggalkan ruang kepala 1 inci. Tutup dengan cecair masak mendidih, biarkan 1/2 inci ruang kepala.

d) Keluarkan gelembung udara dan laraskan ruang kepala jika perlu. Lap rim balang dengan tuala kertas bersih yang dilembapkan.

e) Laraskan penutup dan proses.

60. Piccalilli

bahan-bahan:

- 6 cawan tomato hijau dicincang
- 1-1/2 cawan lada merah manis dicincang
- 1-1/2 cawan lada hijau dicincang
- 2-1/4 cawan bawang cincang
- 7-1/2 cawan kubis cincang
- 1/2 cawan pengetinan atau garam jeruk
- 3 Sudu besar rempah jeruk campuran keseluruhan
- 4-1/2 cawan cuka (5%)
- 3 cawan gula perang

Hasil: Kira-kira 9 setengah liter

Arah:

a) Basuh, potong, dan gabungkan sayur-sayuran dengan 1/2 cawan garam. Tutup dengan air panas dan biarkan selama 12 jam. Toskan dan tekan dalam kain putih bersih untuk mengeluarkan semua cecair yang mungkin. Ikat rempah dengan longgar dalam beg rempah dan tambah kepada cuka gabungan dan gula perang dan panaskan sehingga mendidih dalam kuali sos.

b) Masukkan sayur-sayuran dan rebus perlahan-lahan 30 minit atau sehingga isipadu adunan berkurangan separuh. Keluarkan beg rempah.

c) Isi balang steril panas, dengan campuran panas, tinggalkan ruang kepala 1/2 inci.

d) Keluarkan gelembung udara dan laraskan ruang kepala jika perlu. Lap rim balang dengan tuala kertas bersih yang dilembapkan.

e) Laraskan penutup dan proses.

61. Sedap acar

bahan-bahan:

- 3 liter timun cincang
- 3 cawan setiap satu lada hijau manis dan merah yang dicincang
- 1 cawan bawang cincang
- 3/4 cawan pengetinan atau garam jeruk
- 4 cawan ais
- 8 cawan air
- 2 cawan gula
- 4 sudu teh setiap biji sawi, kunyit, lada sulah dan bunga cengkih
- 6 cawan cuka putih (5%)

Hasil: Kira-kira 9 pint

Arah:

a) Masukkan timun, lada, bawang, garam, dan ais ke dalam air dan biarkan selama 4 jam. Toskan dan tutup semula sayuran dengan air ais segar selama satu jam lagi. Toskan lagi.

b) Satukan rempah dalam beg rempah atau kain keju. Masukkan rempah kepada gula dan cuka. Panaskan hingga mendidih dan tuangkan adunan ke atas sayur-sayuran.

c) Tutup dan sejukkan 24 jam. Panaskan adunan hingga mendidih dan panaskan ke dalam balang panas, tinggalkan ruang kepala 1/2 inci.

d) Keluarkan gelembung udara dan laraskan ruang kepala jika perlu. Lap rim balang dengan tuala kertas bersih yang dilembapkan.

e) Laraskan penutup dan proses.

62. Sedap jagung jeruk

bahan-bahan:

- 10 cawan jagung isirung segar
- 2-1/2 cawan lada merah manis dipotong dadu
- 2-1/2 cawan lada hijau manis dipotong dadu
- 2-1/2 cawan saderi cincang
- 1-1/4 cawan bawang besar dipotong dadu
- 1-3/4 cawan gula
- 5 cawan cuka (5%)
- 2-1/2 Sudu besar garam pengetinan atau jeruk
- 2-1/2 sudu kecil biji saderi
- 2-1/2 Sudu besar sawi kering
- 1-1/4 sudu teh kunyit

Hasil: Kira-kira 9 pint

Arah:

a) Rebus telinga jagung 5 minit. Celup dalam air sejuk. Potong keseluruhan biji dari tongkol atau gunakan enam bungkusan jagung beku 10 auns.

b) Satukan lada, saderi, bawang besar, gula, cuka, garam, dan biji saderi dalam periuk.

c) Didihkan dan reneh selama 5 minit, kacau sekali-sekala. Campurkan mustard dan kunyit dalam 1/2 cawan adunan yang direneh. Masukkan adunan ini dan jagung ke dalam adunan panas.

d) Reneh 5 minit lagi. Jika mahu, pekatkan adunan dengan pes lour (1/4 cawan lour dibancuh dalam 1/4 cawan air) dan kacau selalu. Isi balang panas dengan campuran panas, tinggalkan ruang kepala 1/2 inci.

e) Keluarkan gelembung udara dan laraskan ruang kepala jika perlu. Lap rim balang dengan tuala kertas bersih yang dilembapkan.

f) Laraskan penutup dan proses.

63. Keenakan tomato hijau jeruk

bahan-bahan:

- 10 lb tomato hijau yang kecil dan keras
- 1-1/2 lbs lada benggala merah
- 1-1/2 lbs lada benggala hijau
- 2 lbs bawang
- 1/2 cawan pengetinan atau garam jeruk
- 1 qt air
- 4 cawan gula
- 1 qt cuka (5%)
- 1/3 cawan sawi kuning yang disediakan
- 2 Sudu besar tepung jagung

Hasil: Kira-kira 7 hingga 9 pint

Arah:

a) Basuh dan parut kasar atau cincang tomato, lada dan bawang. Larutkan garam dalam air dan tuangkan ke atas sayur-

sayuran dalam cerek besar. Panaskan hingga mendidih dan reneh 5 minit. Toskan dalam colander. Kembalikan sayur ke dalam cerek.

b) Masukkan gula, cuka, sawi, dan tepung jagung. Kacau hingga sebati. Panaskan hingga mendidih dan reneh 5 minit.

c) Isi balang pint steril panas dengan hidangan panas, tinggalkan ruang kepala 1/2 inci.

d) Keluarkan gelembung udara dan laraskan ruang kepala jika perlu. Lap rim balang dengan tuala kertas bersih yang dilembapkan.

e) Laraskan penutup dan proses.

64. Sos jeruk pedas

bahan-bahan:

- 2 cawan (3/4 lb) lobak pedas yang baru diparut
- 1 cawan cuka putih (5%)
- 1/2 sudu teh garam pengetinan atau jeruk
- 1/4 sudu teh serbuk asid askorbik

Hasil: Kira-kira 2 setengah pain

Arah:

a) Kepedasan lobak pedas segar pudar dalam masa 1 hingga 2 bulan, walaupun disejukkan. Oleh itu, buat kuantiti yang kecil sahaja pada satu masa.

b) Basuh akar lobak pedas dengan teliti dan kupas kulit luar berwarna coklat. Akar yang dikupas boleh diparut dalam pemproses makanan atau dipotong menjadi kiub kecil dan dimasukkan ke dalam pengisar makanan.

c) Satukan bahan-bahan dan masukkan ke dalam balang steril, tinggalkan ruang kepala 1/4 inci.

d) Tutup balang dengan ketat dan simpan di dalam peti sejuk.

65. Acar lada-bawang sedap

bahan-bahan:

- 6 cawan bawang cincang
- 3 cawan lada merah manis dicincang
- 3 cawan lada hijau dicincang
- 1-1/2 cawan gula
- 6 cawan cuka (5%), lebih baik disuling putih
- 2 Sudu besar garam pengetinan atau jeruk

Hasil: Kira-kira 9 setengah liter

Arah:

a) Basuh dan potong sayur. Satukan semua bahan dan rebus perlahan-lahan sehingga adunan menjadi pekat dan isipadu berkurangan sebanyak setengah (kira-kira 30 minit).

b) Isi balang steril panas dengan hidangan panas, tinggalkan ruang kepala 1/2 inci, dan tutup rapat.

c) Simpan dalam peti sejuk dan gunakan dalam masa sebulan.

66. Rasa jicama pedas

bahan-bahan:

- 9 cawan jicama dipotong dadu
- 1 Sudu besar rempah penjerukan campuran keseluruhan
- 1 kayu manis sebatang dua inci
- 8 cawan cuka putih (5%)
- 4 cawan gula
- 2 sudu kecil lada merah ditumbuk
- 4 cawan lada benggala kuning dipotong dadu
- 4-1/2 cawan lada benggala merah dipotong dadu
- 4 cawan bawang cincang
- 2 biji finger segar - lada panas (kira-kira 6 inci setiap satu), dicincang dan dibiji separa

Hasil: Kira-kira 7 balang pain

Arah:

a) Awas: Pakai sarung tangan plastik atau getah dan jangan sentuh muka anda semasa mengendalikan atau memotong lada panas. Basuh, kupas dan potong jicama; dadu.

b) Letakkan rempah penjerukan dan kayu manis pada sekeping kain keju 100% kapas yang bersih, dua lapis, 6 inci persegi.

c) Satukan sudut dan ikat dengan tali yang bersih. (Atau gunakan beg rempah muslin yang dibeli.)

d) Dalam ketuhar atau periuk Belanda 4 liter, gabungkan beg rempah ratus, cuka, gula dan lada merah yang dihancurkan. Didihkan, kacau untuk melarutkan gula. Kacau dalam jicama yang dipotong dadu, lada manis, bawang besar dan finger-hots. Kembalikan adunan kepada mendidih.

e) Kecilkan api dan reneh, bertutup, dengan api sederhana-perlahan kira-kira 25 minit. Buang beg rempah. Isikan hidangan ke dalam balang pain panas, tinggalkan ruang kepala 1/2 inci. Tutup dengan cecair jeruk panas, tinggalkan ruang kepala 1/2 inci.

f) Keluarkan gelembung udara dan laraskan ruang kepala jika perlu. Lap rim balang dengan tuala kertas bersih yang dilembapkan.

g) Laraskan penutup dan proses.

67. Rasa tomato yang masam

bahan-bahan:

- 12 cawan tomato cincang
- 3 cawan jicama cincang
- 3 cawan bawang cincang
- 6 cawan tomato jenis plum yang dicincang
- 1-1/2 cawan lada benggala hijau dicincang
- 1-1/2 cawan lada benggala merah dicincang
- 1-1/2 cawan lada benggala kuning dicincang
- 1 cawan garam pengetinan
- 2 liter air
- 6 Sudu besar rempah jeruk campuran keseluruhan
- 1 Sudu besar tasik lada merah ditumbuk (pilihan)
- 6 cawan gula
- 6-1/2 cawan cuka sider (5%)

Hasil: Kira-kira 6 atau 7 pint

Arah:

a) Keluarkan sekam dari tomatil dan basuh dengan baik. Kupas jicama dan bawang. Basuh semua sayuran dengan baik sebelum memotong dan memotong.

b) Letakkan tomato cincang, jicama, bawang, tomato, dan semua lada benggala dalam ketuhar atau periuk Belanda 4 liter. Larutkan garam pengetinan dalam air. Tuangkan ke atas sayur-sayuran yang telah disediakan. Panaskan hingga mendidih; reneh 5 minit.

c) Toskan dengan teliti melalui penapis berlapik kain cheesecloth (sehingga tiada lagi air menitis, kira-kira 15 hingga 20 minit).

d) Letakkan rempah jeruk dan tasik lada merah pilihan pada sekeping bersih, dua lapis, 6 inci persegi

68. Tiada gula ditambah bit jeruk

bahan-bahan:

- 7 paun bit berdiameter 2 hingga 2-1/2 inci
- 4 hingga 6 bawang (diameter 2 hingga 2-1/2 inci), jika mahu
- 6 cawan cuka putih (5 peratus)
- 1-1/2 sudu teh garam pengetinan atau jeruk
- 2 cawan Splenda
- 3 cawan air
- 2 batang kayu manis
- 12 ulas keseluruhan

Hasil: Kira-kira 8 pint

Arah:

a) Potong bahagian atas bit, tinggalkan 1 inci batang dan akar untuk mengelakkan pendarahan warna. Basuh bersih-bersih. Isih mengikut saiz.

b) Tutup saiz yang sama dengan air mendidih dan masak sehingga lembut (kira-kira 25 hingga 30 minit). Awas: Toskan dan buang cecair. Bit sejuk.

c) Potong akar dan batang dan gelinciran kulit. Potong menjadi kepingan 1/4 inci. Kupas, basuh dan hiris nipis bawang.

d) Satukan cuka, garam, Splenda®, dan 3 cawan air tawar dalam ketuhar Belanda yang besar. Ikat batang kayu manis dan bunga cengkih dalam beg kain keju dan masukkan ke dalam campuran cuka.

e) Biarkan mendidih. Masukkan bit dan bawang. Reneh

f) 5 minit. Keluarkan beg rempah. Isikan bit panas dan hirisan bawang ke dalam balang pint panas, meninggalkan ruang kepala 1/2 inci. Tutup dengan larutan cuka mendidih, biarkan ruang kepala 1/2 inci.

g) Keluarkan gelembung udara dan laraskan ruang kepala jika perlu. Lap rim balang dengan tuala kertas bersih yang dilembapkan.

h) Laraskan penutup dan proses.

69. S acar timun manis

bahan-bahan:

- 3-1/2 lbs jeruk timun
- air mendidih untuk menutup hirisan timun
- 4 cawan cuka sider (5%)
- 1 cawan air
- 3 cawan Splenda®
- 1 Sudu besar garam pengetinan
- 1 Sudu besar biji sawi
- 1 Sudu besar lada sulah
- 1 Sudu besar biji saderi
- 4 batang kayu manis satu inci

Hasil: Kira-kira 4 atau 5 balang pain

Arah:

a) Basuh timun. Potong 1/16 inci hujung bunga dan buang. Potong timun menjadi kepingan setebal 1/4 inci. Tuangkan air mendidih ke atas hirisan timun dan biarkan selama 5 hingga 10 minit.

b) Toskan air panas dan tuangkan air sejuk ke atas timun. Biarkan air sejuk mengalir secara berterusan di atas hirisan timun, atau tukar air dengan kerap sehingga timun sejuk. Toskan hirisan dengan baik.

c) Campurkan cuka, 1 cawan air, Splenda® dan semua rempah dalam ketuhar Belanda 10 liter atau periuk stok. Biarkan mendidih. Masukkan hirisan timun yang telah ditoskan dengan berhati-hati ke dalam cecair mendidih dan kembalikan sehingga mendidih.

d) Letakkan satu batang kayu manis dalam setiap balang panas kosong, jika dikehendaki. Isikan hirisan jeruk panas ke dalam balang pint panas, tinggalkan ruang kepala 1/2 inci. Tutup dengan air garam penjerukan mendidih, tinggalkan ruang kepala 1/2 inci.

e) Keluarkan gelembung udara dan laraskan ruang kepala jika perlu. Lap rim balang dengan tuala kertas bersih yang dilembapkan.

f) Laraskan penutup dan proses.

70. S jeruk dill dicincang

bahan-bahan:

- 4 paun (3- hingga 5 inci) timun jeruk
- 6 cawan cuka (5%)
- 6 cawan gula
- 2 Sudu besar garam pengetinan atau jeruk
- 1-1/2 sudu kecil biji saderi
- 1-1/2 sudu kecil biji sawi
- 2 biji bawang besar, hiris nipis
- Dill segar 8 kepala

Hasil: Kira-kira 8 pint

Arah:

a) Basuh timun. Potong 1/16 inci bahagian hujung bunga dan buang. Potong timun dalam kepingan 1/4 inci. Satukan cuka, gula, garam, saderi, dan biji sawi dalam periuk besar. Bawa adunan hingga mendidih.

b) Letakkan 2 hirisan bawang dan 1/2 kepala dill di bahagian bawah setiap balang panas. Isi balang panas dengan hirisan timun, tinggalkan ruang kepala 1/2 inci.

c) Masukkan 1 hirisan bawang besar dan 1/2 kepala dill di atas. Tuangkan larutan penjerukan panas ke atas timun, tinggalkan ruang kepala 1/4 inci.

d) Keluarkan gelembung udara dan laraskan ruang kepala jika perlu. Lap rim balang dengan tuala kertas bersih yang dilembapkan.

e) Laraskan penutup dan proses.

71. S jeruk manis berkutu

bahan-bahan:

- 4 lbs (3- hingga 4 inci) timun jeruk

Penyelesaian brining:

- 1 qt cuka putih suling (5%)
- 1 Sudu besar pengetinan atau garam jeruk
- 1 Sudu besar biji sawi
- 1/2 cawan gula

Sirap pengetinan:

- 1-2/3 cawan cuka putih suling (5%)
- 3 cawan gula
- 1 Sudu besar lada sulah
- 2-1/4 sudu kecil biji saderi

Hasil: Kira-kira 4 hingga 5 pint

Arah:

a) Basuh timun dan potong 1/16 inci hujung bunga, dan buang. Potong timun menjadi kepingan 1/4 inci. Satukan semua bahan untuk mengetin sirap dalam periuk dan biarkan mendidih. Simpan sirap panas sehingga digunakan.

b) Dalam cerek besar, campurkan bahan-bahan untuk larutan pengasinan. Masukkan timun yang telah dipotong, tutup dan renehkan sehingga timun bertukar warna daripada cerah kepada hijau kusam (kira-kira 5 hingga 7 minit). Toskan hirisan timun.

c) Isi balang panas, dan tutup dengan sirap pengetinan panas meninggalkan ruang kepala 1/2 inci.

d) Keluarkan gelembung udara dan laraskan ruang kepala jika perlu. Lap rim balang dengan tuala kertas bersih yang dilembapkan.

e) Laraskan penutup dan proses.

JAM DAN JELI

72. Jem epal

bahan-bahan:

- pear yang dikupas, dibuang teras dan dicincang
- epal yang dikupas, dibuang biji dan dicincang
- 6-1/2 cawan gula
- 1/4 sudu teh kayu manis tanah
- 1/3 cawan jus lemon botol
- 6 oz cecair pektin

Hasil: Kira-kira 7 hingga 8 setengah liter

Arah:

a) Hancurkan epal dan pear dalam periuk besar dan kacau dalam kayu manis.

b) Campurkan gula dan jus lemon dengan teliti dengan buah-buahan dan biarkan mendidih dengan api yang tinggi, kacau sentiasa. Segera kacau dalam pektin.

Masak sehingga mendidih penuh dan rebus keras 1 minit, kacau sentiasa.

c) Keluarkan dari haba, cepat keluarkan buih, dan isi balang steril meninggalkan ruang kepala 1/4 inci. Lap rim balang dengan tuala kertas bersih yang dilembapkan.

d) Laraskan penutup dan proses.

73. Jeli strawberi-rhubarb

bahan-bahan:

- 1-1/2 lbs tangkai merah rhubarb
- 1-1/2 liter strawberi masak
- 1/2 sudu teh mentega atau marjerin untuk mengurangkan buih (pilihan)
- 6 cawan gula
- 6 oz cecair pektin

Hasil: Kira-kira 7 setengah liter

Arah:

a) Basuh dan potong rhubarb kepada kepingan 1 inci dan kisar atau kisar. Basuh, batang, dan hancurkan strawberi, satu lapisan pada satu masa, dalam periuk.

b) Letakkan kedua-dua buah-buahan dalam beg jeli atau dua lapisan kain tipis dan perah jusnya perlahan-lahan. Sukat 3-1/2 cawan jus ke dalam periuk besar.

Masukkan mentega dan gula, campurkan dengan teliti ke dalam jus.

c) Didihkan dengan api besar, kacau sentiasa. Segera kacau dalam pektin. Masak sehingga mendidih penuh dan rebus keras 1 minit, kacau sentiasa.

d) Keluarkan dari haba, keluarkan buih dengan cepat dan isi balang steril, tinggalkan ruang kepala 1/4 inci. Lap rim balang dengan tuala kertas bersih yang dilembapkan.

e) Laraskan penutup dan proses.

74. Jem rempah blueberry

bahan-bahan:

- 2-1/2 pint beri biru masak
- 1 Sudu besar jus lemon
- 1/2 sudu teh buah pala atau kayu manis
- 5-1/2 cawan gula
- 3/4 cawan air
- 1 kotak (1-3/4 oz) serbuk pektin

Hasil: Kira-kira 5 setengah liter

Arah:

a) Basuh dan hancurkan beri biru, satu lapisan pada satu masa, dalam periuk. Masukkan jus lemon, rempah, dan air. Kacau dalam pektin dan biarkan mendidih sepenuhnya dengan api yang tinggi, kacau selalu.

b) Masukkan gula dan kembalikan sehingga mendidih penuh. Rebus keras selama 1 minit, kacau sentiasa.

c) Keluarkan dari haba, keluarkan buih dengan cepat dan isi balang steril, tinggalkan ruang kepala 1/4 inci. Lap rim balang dengan tuala kertas bersih yang dilembapkan.

d) Laraskan penutup dan proses.

75. Jeli anggur-plum

bahan-bahan:

- 3-1/2 lbs plum masak
- 3 lbs anggur Concord masak
- 1 cawan air
- 1/2 sudu teh mentega atau marjerin untuk mengurangkan buih (pilihan)
- 8-1/2 cawan gula
- 1 kotak (1-3/4 oz) serbuk pektin

Hasil: Kira-kira 10 setengah liter

Arah:

a) Basuh dan pit plum; jangan kupas. Hancurkan plum dan anggur dengan teliti, satu lapisan pada satu masa, dalam periuk dengan air. Didihkan, tutup dan reneh selama 10 minit.

b) Tapis jus melalui beg jeli atau dua lapisan kain tipis. Sukat gula dan ketepikan.

c) Satukan 6-1/2 cawan jus dengan mentega dan pektin dalam periuk besar. Didihkan dengan api besar, kacau sentiasa. Masukkan gula dan kembalikan sehingga mendidih penuh. Rebus keras selama 1 minit, kacau sentiasa.

d) Keluarkan dari haba, keluarkan buih dengan cepat dan isi balang steril, tinggalkan ruang kepala 1/4 inci. Lap rim balang dengan tuala kertas bersih yang dilembapkan.

e) Laraskan penutup dan proses.

76. Jeli lada emas

bahan-bahan:

- 5 cawan lada benggala kuning dicincang
- ½ cawan lada cili Serrano yang dicincang
- 1-1/2 cawan cuka suling putih (5%)
- 5 cawan gula
- 1 kantung (3 oz.) cecair pektin

Hasil: Kira-kira 5 balang setengah liter

Arah:

a) Basuh semua lada dengan teliti; keluarkan batang dan biji dari lada. Letakkan lada manis dan panas dalam pengisar atau pemproses makanan.

b) Masukkan cuka secukupnya untuk memerah lada, kemudian haluskan. Satukan puri lada-cuka dan baki cuka ke dalam periuk 8 atau 10 liter. Panaskan sehingga mendidih; kemudian rebus 10 minit untuk mengeluarkan rasa dan warna.

c) Keluarkan dari haba dan tapis melalui beg jeli ke dalam mangkuk. (Beg jeli lebih disukai; beberapa lapisan kain katun juga boleh digunakan.)

d) Sukat 2-1/4 cawan jus lada-cuka yang ditapis kembali ke dalam periuk. Kacau gula hingga larut dan kembalikan adunan hingga mendidih. Masukkan pektin, kembalikan kepada mendidih penuh dan rebus keras selama 1 minit, kacau sentiasa.

e) Keluarkan dari haba, cepat keluarkan sebarang buih, dan isikan ke dalam balang steril, tinggalkan ruang kepala 1/4 inci. Lap rim balang dengan tuala kertas bersih yang dilembapkan.

f) Laraskan penutup dan proses.

77. Hamparan pic-nanas

bahan-bahan:

- 4 cawan toskan pulpa pic
- 2 cawan toskan nanas hancur tanpa gula
- 1/4 cawan jus lemon botol
- 2 cawan gula (pilihan)

Hasil: 5 hingga 6 setengah liter

Arah:

a) Basuh 4 hingga 6 paun buah pic yang padat dan masak dengan teliti. Toskan dengan baik. Kupas dan keluarkan lubang. Kisar daging buah dengan pisau sederhana atau kasar, atau hancurkan dengan garpu (jangan gunakan pengisar).

b) Letakkan buah yang dikisar atau dihancurkan dalam periuk 2 liter. Panaskan perlahan-lahan untuk mengeluarkan jus, kacau sentiasa, sehingga buah lembut.

c) Letakkan buah yang telah dimasak dalam beg jeli atau penapis yang dialas dengan empat lapisan kain tipis. Biarkan jus menitis kira-kira 15 minit. Simpan jus untuk jeli atau kegunaan lain.

d) Sukat 4 cawan pulpa buah yang telah dikeringkan untuk membuat sapuan. Satukan 4 cawan pulpa, nanas, dan jus lemon dalam periuk 4 liter. Tambah sehingga 2 cawan gula, jika dikehendaki, dan gaul rata. Panaskan dan rebus perlahan-lahan selama 10 hingga 15 minit, kacau cukup untuk mengelakkan melekat.

e) Isi balang panas dengan cepat, tinggalkan ruang kepala 1/4 inci. Lap rim balang dengan tuala kertas bersih yang dilembapkan.

f) Laraskan penutup dan proses.

78. Taburan epal yang disejukkan

bahan-bahan:

- 2 Sudu besar serbuk gelatin tidak berperisa
- 1 qt botol jus epal tanpa gula
- 2 Sudu besar jus lemon botol
- 2 Sudu besar cecair pemanis rendah kalori Pewarna makanan, jika mahu

Hasil: 4 setengah liter

Arah:

a) Dalam periuk, lembutkan gelatin dalam jus epal dan lemon. Untuk membubarkan gelatin, masak sehingga mendidih penuh dan rebus 2 minit. Keluarkan dari haba. Masukkan pemanis dan pewarna makanan, jika mahu.

b) Isi balang, tinggalkan ruang kepala 1/4 inci. Lap rim balang dengan tuala kertas bersih yang dilembapkan. Laraskan penutup. Jangan proses atau bekukan.

c) Simpan dalam peti sejuk dan gunakan dalam masa 4 minggu.

79. Hamparan anggur peti sejuk

bahan-bahan:

- 2 Sudu besar serbuk gelatin tidak berperisa
- 1 botol (24 oz) jus anggur tanpa gula
- 2 Sudu besar jus lemon botol
- 2 Sudu besar cecair pemanis rendah kalori

Hasil: 3 setengah liter

Arah:

a) Dalam periuk, lembutkan gelatin dalam jus anggur dan lemon. Biarkan sehingga mendidih penuh untuk membubarkan gelatin. Rebus 1 minit dan keluarkan dari api. Kacau dalam pemanis.

b) Isi balang panas dengan cepat, tinggalkan ruang kepala 1/4 inci. Lap rim balang dengan tuala kertas bersih yang dilembapkan.

c) Laraskan penutup. Jangan proses atau bekukan.

d) Simpan dalam peti sejuk dan gunakan dalam masa 4 minggu.

80. Jeli Epal tanpa Pektin Ditambah

bahan-bahan:

- 4 cawan jus epal
- 2 sudu besar jus lemon yang ditapis, jika dikehendaki
- 3 cawan gula

Membuat 4 hingga 5 balang separuh pain.

Arah:

a) Untuk menyediakan jus. Gunakan perkadaran satu perempat epal kurang masak hingga tiga perempat buah tart masak sepenuhnya.

b) Isih, basuh dan keluarkan hujung batang dan bunga; jangan kupas atau inti. Potong epal menjadi kepingan kecil. Masukkan air, tutup dan biarkan mendidih dengan api besar. Kecilkan api dan reneh selama 20 hingga 25 minit atau sehingga epal lembut. Ekstrak jus.

c) Untuk membuat jeli. Sukat jus epal ke dalam sebuah cerek. Masukkan jus lemon dan gula dan kacau rata. Rebus dengan api yang tinggi hingga 8 °F di atas takat didih air, atau sehingga adunan jeli jatuh dalam helaian sudu.

d) Keluarkan dari haba; buang buih dengan cepat. Tuangkan jeli segera ke dalam balang pengetinan steril yang panas hingga $\frac{1}{4}$ inci dari atas. Tutup dan proses 5 minit dalam mandi air mendidih.

81. Apple Marmalade tanpa Pektin Ditambah

bahan-bahan:

- 8 cawan epal yang dihiris nipis
- 1 oren
- 1½ cawan air
- 5 cawan gula
- 2 sudu besar jus lemon

Arah:

a) Untuk menyediakan buah. Pilih epal tart. Basuh, kupas, suku, dan inti epal. Hiris nipis. Seperempat oren, keluarkan sebarang biji, dan potong sangat nipis.

b) Untuk membuat marmalade. Panaskan air dan gula hingga gula larut. Masukkan jus lemon dan buah. Didihkan dengan cepat, kacau gelang sentiasa, hingga 9 °F di atas takat didih air, atau sehingga adunan pekat. Keluarkan dari haba; skim.

c) Tuangkan segera ke dalam balang pengetinan steril yang panas hingga ½ inci dari atas. Meterai. Proses 5 minit dalam mandi air mendidih.

d) Membuat 6 atau 7 balang separuh liter.

82. Jeli Blackberry tanpa Pektin Tambahan

bahan-bahan:

- 8 cawan jus blackberry
- 6 cawan gula

Arah:

a) Untuk menyediakan jus. Pilih sebahagian daripada satu perempat buah beri kurang masak hingga tiga perempat buah masak. Isih dan basuh; keluarkan sebarang batang atau penutup. Hancurkan beri, tambah air, tutup, dan biarkan mendidih dengan api yang tinggi. Kecilkan api dan reneh selama 5 minit. Ekstrak jus.

b) Untuk membuat jeli. Sukat jus ke dalam cerek. Masukkan gula dan kacau rata. Rebus dengan api yang tinggi hingga 8 °F di atas takat didih air atau sehingga adunan jeli jatuh dalam helaian dari sudu.

c) Keluarkan dari haba; buang buih dengan cepat. Tuangkan jeli segera ke dalam balang pengetinan steril yang panas hingga ¼ inci dari atas. Tutup, dan proses 5 minit dalam mandi air mendidih.

Membuat 7 atau 8 balang separuh liter.

83. Jeli Ceri dengan Serbuk Pektin

bahan-bahan:

- 3 ½ cawan jus ceri
- 1 paket serbuk pektin
- 4 ½ cawan gula

Arah:

a) Untuk menyediakan jus. Pilih ceri yang masak sepenuhnya. Isih, basuh, dan keluarkan batang; jangan pit. Hancurkan ceri, tambah air, tutup, biarkan mendidih dengan api yang tinggi. Kecilkan api dan reneh selama 10 minit. Ekstrak jus.

b) Untuk membuat jeli. Sukat jus ke dalam cerek. Masukkan pektin dan kacau rata. Letakkan pada api yang tinggi dan, kacau sentiasa, masak dengan cepat sehingga mendidih penuh yang tidak boleh dikacau.

c) Masukkan gula, teruskan kacau, dan panaskan lagi hingga mendidih penuh. Rebus keras selama 1 minit.

d) Keluarkan dari haba; buang buih dengan cepat. Tuangkan jeli secara pertengahan ke dalam balang pengetinan steril yang panas hingga $\frac{1}{4}$ inci dari atas. Tutup, dan proses 5 minit dalam mandi air mendidih.

Membuat kira-kira enam balang 8-auns.

84. Jem Ceri dengan Serbuk Pektin

bahan-bahan:

- 4 cawan ceri dikisar
- 1 paket serbuk pektin
- 5 cawan gula

Arah:

a) Untuk menyediakan buah. Isih dan basuh ceri masak sepenuhnya; keluarkan batang dan lubang. Kisar ceri atau cincang halus.

b) Untuk membuat jem. Sukat ceri yang telah dikupas ke dalam cerek. Masukkan pektin dan kacau rata. Letakkan pada api yang tinggi dan, kacau sentiasa, bawa cepat sehingga mendidih penuh dengan buih di seluruh permukaan.

c) Masukkan gula, teruskan kacau, dan panaskan lagi hingga mendidih penuh. Rebus keras selama 1 minit, kacau sentiasa. Alihkan semula dari haba; skim.

d) Tuangkan segera ke dalam balang pengetinan steril yang panas hingga $\frac{1}{4}$ inci

dari atas. Tutup dan proses 5 minit dalam mandi air mendidih.

Membuat 6 balang separuh liter.

85. Jem Ara dengan Pektin Cecair

bahan-bahan:

- 4 cawan buah ara yang dihancurkan (kira-kira 3 paun buah ara)
- $\frac{1}{2}$ cawan jus lemon
- 7 $\frac{1}{2}$ cawan gula
- $\frac{1}{2}$ botol cecair pektin

Arah:

a) Untuk menyediakan buah. Isih dan basuh buah ara yang masak sepenuhnya; keluarkan hujung batang. Hancurkan atau kisar buah.

b) Untuk membuat jem. Letakkan buah tin dan jus lemon yang telah dihancurkan ke dalam cerek. Masukkan gula dan kacau rata. Letakkan di atas api besar dan, kacau sentiasa dibunyikan, biarkan mendidih dengan cepat dengan buih di seluruh permukaan. Rebus keras selama 1 minit, kacau sentiasa.

c) Keluarkan dari haba. Kacau dalam pektin. Keluarkan buih dengan cepat. Tuangkan segera ke dalam balang pengetinan steril yang panas hingga $\frac{1}{4}$ inci dari atas. Tutup dan proses 5 minit dalam mandi air mendidih.

Membuat kira-kira 9 balang setengah liter.

86. Jeli Anggur dengan Serbuk Pektin

bahan-bahan:

- 5 cawan jus anggur
- 1 paket serbuk pektin
- 7 cawan gula

Arah:

a) Untuk menyediakan jus. Isih, basuh, dan keluarkan batang dari anggur yang masak sepenuhnya. Hancurkan anggur, tambah air, tutup, dan biarkan mendidih dengan api yang tinggi. Kecilkan api dan reneh selama 10 minit. Ekstrak jus ..

b) Untuk membuat jeli. Sukat jus ke dalam cerek. Masukkan pektin dan kacau rata. Letakkan pada api yang tinggi dan, kacau sentiasa, masak dengan cepat sehingga mendidih penuh yang tidak boleh dikacau.

c) Masukkan gula, teruskan kacau, dan biarkan sehingga mendidih penuh. Rebus keras selama 1 minit.

d) Keluarkan dari haba; buang buih dengan cepat. Tuangkan jeli segera ke dalam balang pengetinan steril yang panas hingga $\frac{1}{4}$ inci dari atas. Tutup dan proses 5 minit dalam mandi air mendidih.

Membuat 8 atau 9 balang separuh liter.

87. Jem Pudina-Nanas dengan Pektin Cecair

bahan-bahan:

- Satu 20-oz. boleh hancurkan nanas $\frac{3}{4}$ cawan air
- $\frac{1}{4}$ cawan jus lemon
- 7 $\frac{1}{2}$ cawan gula
- 1 botol cecair pektin $\frac{1}{2}$ sudu teh ekstrak pudina Sedikit titis pewarna hijau

Arah:

a) Letakkan nanas yang telah dihancurkan dalam cerek. Masukkan air, jus lemon, dan gula. Kacau hingga sebati.

b) Letakkan di atas api besar dan kacau sentiasa, masak dengan cepat sehingga mendidih penuh dengan buih di seluruh permukaan. Rebus keras selama 1 minit, kacau sentiasa. Keluarkan dari haba; tambah pektin, ekstrak perisa, dan pewarna. Skim.

c) Tuangkan segera ke dalam balang pengetinan steril yang panas hingga $\frac{1}{4}$ inci

dari atas. Tutup dan proses 5 minit dalam mandi air mendidih.

Membuat 9 atau 10 balang separuh liter.

88. Jeli Buah Campuran dengan Pektin Cecair

bahan-bahan:

- 2 cawan jus kranberi
- 2 cawan jus quince
- 1 cawan jus epal
- 7 $\frac{1}{2}$ cawan gula
- $\frac{1}{2}$ botol cecair pektin

Arah:

a) Untuk menyediakan buah. Isih dan basuh cranberry masak sepenuhnya. Masukkan air, tutup dan biarkan mendidih dengan api yang tinggi. Kecilkan api dan reneh selama 20 minit. Ekstrak jus.

b) Isih dan basuh quince. Keluarkan batang dan hujung bunga; jangan kupas atau inti. Hiris sangat nipis atau potong kecil. Masukkan air, tutup dan biarkan mendidih dengan api yang tinggi. Kecilkan api dan reneh selama 25 minit. Ekstrak jus.

c) Susun dan basuh epal. Keluarkan batang dan hujung bunga; jangan kupas atau inti. Potong kecil-kecil. Masukkan air, tutup dan biarkan mendidih dengan api yang tinggi. Kecilkan api dan reneh 20 minit. Ekstrak jus.

d) Untuk membuat jeli. Sukat jus ke dalam cerek. Kacau dalam gula. Letakkan di atas api besar dan, kacau sentiasa, masak dengan cepat sehingga mendidih penuh dan tidak boleh dikacau.

e) Masukkan pektin dan kembalikan kepada mendidih penuh. Rebus keras selama 1 minit.

f) Keluarkan dari haba; buang buih dengan cepat. Tuangkan jeli segera ke dalam balang pengetinan steril yang panas hingga $\frac{1}{4}$ inci dari atas. Tutup, dan proses 5 minit dalam mandi air mendidih.

Membuat sembilan atau sepuluh balang 8-auns.

89. Jeli Oren

bahan-bahan:

- 3 ¼ cawan gula
- 1 cawan air
- 3 sudu besar jus lemon ½ botol cecair pektin
- Satu tin 6 auns (¾ cawan) jus oren pekat beku

Arah:

a) Kacau gula ke dalam air. Letakkan pada api yang tinggi dan, kacau sentiasa, brin g dengan cepat sehingga mendidih penuh dan tidak boleh dikacau.

b) Masukkan jus lemon. Rebus keras selama 1 minit.

c) Keluarkan dari haba. Kacau dalam pektin. Masukkan jus oren pekat yang telah dicairkan dan gaul rata.

d) Tuangkan jeli segera ke dalam balang pengetinan steril yang panas hingga ¼ inci

dari atas. Tutup dan proses 5 minit dalam mandi air mendidih.

Membuat 4 atau 5 balang separuh liter.

90. Jeli Oren Berempah

bahan-bahan:

- 2 cawan jus oren
- 1/3 cawan jus lemon
- 2/3 cawan air
- 1 paket serbuk pektin
- 2 sudu besar kulit oren, dicincang
- 1 sudu teh lada sulah keseluruhan
- $\frac{1}{2}$ sudu teh ulas keseluruhan
- 4 batang kayu manis, 2 inci panjang
- 3 $\frac{1}{2}$ cawan gula

Arah:

a) Campurkan jus oren, jus lemon, dan air dalam periuk besar.

b) Kacau dalam pektin.

c) Letakkan kulit oren, lada sulah, cengkih, dan batang kayu manis dengan longgar dalam kain putih bersih, ikat dengan tali, dan tambah campuran buah.

d) Letakkan di atas api besar dan, kacau sentiasa, masak dengan cepat sehingga mendidih penuh dan tidak boleh dikacau.

e) Masukkan gula, teruskan kacau, dan panaskan lagi hingga mendidih penuh. Rebus keras selama 1 minit.

f) Keluarkan dari haba. Keluarkan beg rempah dan buang buih dengan cepat. Tuangkan jeli segera ke dalam balang pengetinan steril yang panas hingga $\frac{1}{4}$ inci dari atas. Tutup, dan proses 5 minit dalam mandi air mendidih.

Membuat 4 balang separuh liter.

91. Marmalade Oren

bahan-bahan:

- $\frac{3}{4}$ cawan kulit limau gedang ($\frac{1}{2}$ limau gedang)
- $\frac{3}{4}$ cawan kulit oren (1 oren)
- 13/ cawan kulit lemon (1 lemon)
- 1 liter air sejuk
- Pulpa 1 limau gedang
- Pulpa 4 oren bersaiz sederhana
- 2 cawan s jus lemon
- 2 cawan air mendidih
- 3 cawan gula

Arah:

a) Untuk menyediakan buah. Basuh dan kupas buah. Potong kulit menjadi jalur nipis. Masukkan air sejuk dan renehkan dalam kuali bertutup sehingga te n der (kira-kira 30 minit). longkang.

b) Keluarkan biji dan selaput dari buah yang dikupas. Potong buah menjadi kepingan kecil.

c) Untuk membuat marmalade. Masukkan air mendidih hingga kupas dan buah. Masukkan gula dan rebus dengan cepat hingga 9 °F di atas takat didih air (kira-kira 20 minit), kacau selalu. Keluarkan dari haba; skim.

d) Tuangkan segera ke dalam balang pengetinan steril yang panas hingga $\frac{1}{4}$ inci dari atas. Tutup dan proses 5 minit dalam mandi air mendidih.

Membuat 3 atau 4 balang separuh liter.

92. Apricot-Oren Conserve

bahan-bahan:

- 3 ½ cawan aprikot toskan yang dicincang
- 1 ½ cawan jus oren
- Kupas ½ oren, dicincang
- 2 sudu besar jus lemon
- 3 ¼ cawan gula
- ½ cawan kacang cincang

Arah:

a) Untuk menyediakan aprikot kering. Masak aprikot tidak bertutup dalam 3 cawan air sehingga lembut (kira-kira 20 minit); toskan dan potong.

b) Untuk membuat pemuliharaan. Satukan semua bahan kecuali kacang. Masak hingga 9 °F di atas takat didih air atau sehingga pekat, kacau sentiasa. Tambah kacang; kacau hingga sebati. Keluarkan dari haba; skim.

c) Tuangkan segera ke dalam balang pengetinan steril yang panas hingga ¼ inci dari atas. Tutup, dan proses 5 minit dalam mandi air mendidih.

Membuat kira-kira 5 balang setengah liter.

93. Peach Jam dengan Serbuk Pektin

bahan-bahan:

- 3 ¾ cawan pic yang dihancurkan
- ½ cawan jus lemon
- 1 paket serbuk pektin
- 5 cawan gula

Arah:

a) Untuk menyediakan buah. Isih dan basuh pic yang masak sepenuhnya. Keluarkan batang, kulit dan lubang. Hancurkan pic.

b) Untuk membuat jem. Sukat pic yang telah dihancurkan ke dalam cerek. Tambah jus lemon dan pektin; kacau hingga sebati. Letakkan di atas api yang tinggi dan, kacau dengan cincin sentiasa, biarkan mendidih dengan cepat dengan buih di seluruh permukaan.

c) Masukkan gula, teruskan kacau, dan panaskan lagi hingga mendidih penuh dan menggelegak. Rebus keras selama 1 minit, kacau sentiasa. Keluarkan dari haba; skim.

d) Tuangkan segera ke dalam balang pengetinan steril yang panas hingga $\frac{1}{4}$ inci dari atas. Tutup, dan proses 5 minit dalam mandi air mendidih.

Membuat kira-kira 6 balang separuh liter.

94. Jem Blueberry-Peach Berempah

bahan-bahan:

- 4 cawan pic yang dicincang atau dikisar
- 4 cawan beri biru
- 2 sudu besar jus lemon
- $\frac{1}{2}$ cawan air
- 5 $\frac{1}{2}$ cawan gula
- $\frac{1}{2}$ sudu teh garam
- 1 batang kayu manis
- $\frac{1}{2}$ sudu besar cengkih keseluruhan
- $\frac{1}{4}$ sudu teh lada sulah keseluruhan

Arah:

a) Untuk menyediakan buah. Isih dan basuh pic masak sepenuhnya; kupas dan buang lubang. Cincang atau kisar pic.

b) Isih, basuh dan keluarkan sebarang batang daripada beri biru segar.

c) Cairkan beri beku.

d) Untuk membuat jem. Sukat buah-buahan ke dalam cerek; masukkan jus lemon dan air. Tutup, biarkan mendidih, dan reneh selama 10 minit, kacau sekali-sekala.

e) Tambah gula dan garam; kacau hingga sebati. Masukkan rempah yang diikat dengan kain keju. Didihkan dengan cepat, kacau sentiasa, hingga 9 °F di atas takat didih air, atau sehingga adunan pekat.

f) Tuangkan segera ke dalam balang pengetinan steril yang panas hingga $\frac{1}{4}$ inci dari atas. Tutup, dan proses 5 minit dalam mandi air mendidih.

Membuat 6 atau 7 balang separuh liter.

95. Peach-Oren Marmalade

bahan-bahan:

- 5 cawan pic cincang atau kisar
- 1 cawan oren cincang atau kisar

Arah:

a) Kupas 1 oren, dicincang 2 sudu besar jus lemon 6 cawan gula

b) Untuk menyediakan buah. Isih dan basuh pic yang masak sepenuhnya. C lompat atau kisar pic.

c) Keluarkan kulit, bahagian putih, dan biji dari oren.

d) C lompat atau kisar pulpa.

e) Untuk membuat marmalade. Sukat buah yang telah disediakan ke dalam cerek. Masukkan baki bahan dan kacau rata. Didihkan dengan cepat, kacau sentiasa hingga 9 °F di atas takat didih air, atau sehingga adunan menjadi pekat. Keluarkan dari haba; skim.

f) Tuangkan segera ke dalam balang pengetinan steril yang panas hingga $\frac{1}{4}$ inci dari atas. Tutup, dan proses 5 minit dalam mandi air mendidih.

Membuat 6 atau 7 balang separuh liter.

96. Jem Nanas dengan Pektin Cecair

bahan-bahan:

- Satu tin 20 auns nanas hancur
- 3 sudu besar jus lemon
- 3 $\frac{1}{4}$ cawan gula
- $\frac{1}{2}$ botol cecair pektin

Arah:

a) Satukan nanas dan jus lemon dalam cerek. Masukkan gula dan kacau rata. Letakkan di atas api yang tinggi dan, kacau sentiasa dibunyikan, biarkan mendidih dengan cepat dengan buih di seluruhnya permukaan.

b) Rebus keras selama 1 minit, kacau sentiasa.

c) Keluarkan dari haba; kacau dalam pektin. Skim.

d) Biarkan selama 5 minit.

e) Tuangkan segera ke dalam balang pengetinan steril yang panas hingga $\frac{1}{4}$ inci dari atas.

f) Tutup, dan proses 5 minit dalam mandi air mendidih.

Membuat 4 atau 5 balang separuh liter.

97. Jeli Plum dengan Pektin Cecair

bahan-bahan:

- 4 cawan jus plum
- 7 ½ cawan gula
- ½ botol cecair pektin

Arah:

a) Untuk menyediakan jus. Isih dan basuh plum masak sepenuhnya dan potong; jangan kupas atau lubang. Hancurkan buah, masukkan air, tutup dan biarkan mendidih dengan api yang tinggi. Kecilkan api dan reneh selama 10 minit. Ekstrak jus.

b) Untuk membuat jeli. Sukat jus ke dalam cerek. Kacau dalam gula. Letakkan di atas api besar dan, kacau sentiasa, masak dengan cepat sehingga mendidih penuh dan tidak boleh dikacau.

c) Tambah pektin; masak lagi hingga penuh, mendidih. Rebus keras 1 minit.

d) Keluarkan dari haba; buang buih dengan cepat. Tuangkan jeli segera ke dalam balang pengetinan steril yang panas hingga $\frac{1}{4}$ inci dari atas. Tutup dan proses 5 minit dalam mandi air mendidih.

Membuat 7 atau 8 balang separuh liter.

98. Quince Jelly tanpa Pektin Tambahan

bahan-bahan:

- 3 ¾ cawan jus quince
- 1/3 cawan jus lemon
- 3 cawan gula

Arah:

a) Untuk menyediakan jus. Pilih sebahagian daripada kira-kira satu perempat kuini di bawah - masak dan tiga perempat buah masak sepenuhnya. Isih, basuh, dan keluarkan batang dan hujung bunga; jangan kupas atau inti. Potong quince sangat nipis atau potong kecil.

b) Masukkan air, tutup dan biarkan mendidih dengan api besar. Kecilkan api dan reneh selama 25 minit. Ekstrak jus.

c) Untuk membuat jeli. Sukat jus quince ke dalam cerek. Masukkan jus lemon dan gula. Kacau hingga sebati. Rebus dengan api yang tinggi hingga 8 °F di atas takat didih air, atau sehingga adunan jeli membentuk kepingan daripada sudu.

d) Keluarkan dari haba; buang buih dengan cepat. Tuangkan jeli secara pertengahan ke dalam balang pengetinan steril yang panas hingga $\frac{1}{4}$ inci dari atas. Tutup, dan proses 5 minit dalam mandi air mendidih.

Membuat kira-kira empat balang 8 auns.

99. Jem Strawberi dengan Serbuk Pektin

bahan-bahan:

- 5 ½ cawan strawberi dihancurkan
- 1 paket serbuk pektin
- 8 cawan gula

Arah:

a) Untuk menyediakan buah. Isih dan basuh strawberi masak sepenuhnya; gerakkan semula batang dan penutup. Hancurkan buah beri.

b) Untuk membuat jem. Sukat strawberi yang telah dihancurkan ke dalam cerek. Masukkan pektin dan kacau rata. Letakkan pada api yang tinggi dan, kacau sentiasa, biarkan mendidih dengan cepat dengan buih di atas permukaan keseluruhan tayar.

c) Masukkan gula, teruskan kacau, dan panaskan lagi hingga mendidih penuh dan menggelegak. Rebus keras selama 1 minit, kacau sentiasa. Alihkan semula dari haba; skim.

d) Tuangkan segera ke dalam balang pengetinan steril yang panas hingga $\frac{1}{4}$ inci dari atas. Tutup, dan proses 5 minit dalam mandi air mendidih.

Membuat 9 atau 10 balang separuh liter.

100. Tutti-Frutti Jam

bahan-bahan:

- 3 cawan pear dicincang atau dikisar
- 1 oren besar
- $\frac{3}{4}$ cawan nanas yang telah dihancurkan
- $\frac{1}{4}$ cawan ceri maraschino yang dicincang
- $\frac{1}{4}$ cawan jus lemon
- 1 paket serbuk pektin
- 5 cawan gula

Arah:

a) Untuk menyediakan buah. Isih dan basuh pear masak; pare dan inti. Cincang atau kisar pir. Kupas oren, keluarkan biji, dan potong atau kisar pulpa.

b) Untuk membuat jem. Sukat pir cincang ke dalam cerek. Masukkan oren, nanas, ceri, dan jus lemon. Kacau dalam pektin.

c) Letakkan pada api yang tinggi dan, kacau sentiasa, masak dengan cepat sehingga mendidih penuh dengan buih di seluruh permukaan.

d) Masukkan gula, teruskan kacau, dan panaskan lagi hingga mendidih penuh. Rebus keras selama 1 minit, kacau sentiasa. Alihkan semula dari haba; skim.

e) Tuangkan segera ke dalam balang pengetinan steril yang panas hingga $\frac{1}{4}$ inci dari atas. Tutup, dan proses 5 minit dalam mandi air mendidih.

Membuat 6 atau 7 balang separuh liter.

KESIMPULAN

Semasa kami mengakhiri perjalanan kami, kami berharap anda berasa terinspirasi dan diberi kuasa untuk memulakan pengembaraan anda sendiri dalam mengetin dan memelihara. Sama ada anda mengisi pantri anda dengan jem dan jeruk buatan sendiri, atau memelihara hasil tuaian dari taman anda atau pasar tani tempatan, ganjaran mengawet adalah berlipat kali ganda.

Di sebalik faedah praktikal mempunyai barang buatan sendiri yang lazat sepanjang tahun, terdapat sesuatu yang sangat memuaskan tentang menyambung semula dengan irama musim dan menghormati limpah kurnia bumi. Sama ada anda mengekalkan resipi keluarga yang diwarisi turun-temurun atau bereksperimen dengan kombinasi perisa baharu, tindakan pemeliharaan ialah perayaan tradisi, kreativiti dan komuniti.

Oleh itu, semasa anda memulakan pengetinan dan pengembaraan pemeliharaan anda sendiri, ingatlah untuk menikmati proses itu, terima ketidaksempurnaan, dan kongsi hasil kerja anda dengan orang tersayang. Sama ada anda sedang menikmati sebotol jem buatan sendiri pada pagi Ahad yang malas atau menghadiahkan sebakul jeruk buatan sendiri kepada rakan, ketahui bahawa anda bukan sekadar mengawet makanan - anda mengekalkan kenangan, tradisi dan semangat kelimpahan. Selamat memelihara!

www.ingramcontent.com/pod-product-compliance
Lightning Source LLC
Chambersburg PA
CBHW070501120526
44590CB00013B/714